U0793555

农业重大科研设施建设实践

夏耀西　方 松　编著

中国农业科学技术出版社

图书在版编目（CIP）数据

农业重大科研设施建设实践 / 夏耀西，方松编著. —北京：中国农业科学技术出版社，2020. 9

ISBN 978-7-5116-5018-4

Ⅰ. ①农… Ⅱ. ①夏… ②方… Ⅲ. ①农业技术—技术革新—研究—中国 Ⅳ. ①F323.3

中国版本图书馆 CIP 数据核字（2020）第 177132 号

责任编辑 白姗姗
责任校对 贾海霞
出 版 者 中国农业科学技术出版社
北京市中关村南大街12号 邮编：100081
电 话 （010）82106638（编辑室）（010）82109702（发行部）
（010）82109709（读者服务部）
传 真 （010）82106650
网 址 http: // www.castp.cn
经 销 者 各地新华书店
印 刷 者 北京建宏印刷有限公司
开 本 710mm × 1 000mm 1/16
印 张 8.75
字 数 160千字
版 次 2020年9月第1版 2020年9月第1次印刷
定 价 80.00元

《农业重大科研设施建设实践》

编著名单

主　编　著: 夏耀西　方　松

副主编著: 严　斌　冯建学　万桂林　陈宝瑞　蔡莹盈　张建宇

编写人员: 王艳霞　闫双慧　张辰路　田枭艺　刘洪业　蒋　锐　周　琦　李　明　赵林萍　曹立勇　刘全吉　王佳宁　朱海勇

前　言

立足“三个面向”，推进农业农村现代化建设、实现农业大国向农业强国转变、保障“两个一百年”奋斗目标实现，必须加大前沿性、平台性农业重大科研设施的谋划与建设，支撑和引领我国农业农村科技创新工作。

为此，基于项目建设单位视角撰写一本关于我国农业重大科研设施建设实践想法由来已久，也直接促成了本书的编写与出版。期间，中国农业科学院有关建设单位提供了较为翔实的素材，有关基建管理人员畅聊了项目建设过程中的经验与教训、体会与感悟，为本书顺利成稿提供了帮助与支持，在此一并表示感谢。

本书从农业重大科研设施内涵分析着手，结合具体案例研究项目谋划申报、项目设计实施、项目验收评价等环节的建设实践，内容具体、观点突出，希冀对我国农业重大科研设施项目谋划建设提供借鉴与参考。当然，由于编者水平有限，书中有关观点有失偏颇，亦请批评指正。

编著者

2020年8月

目　录

引　言

党的十八大提出“科技创新是提高社会生产力和综合国力的战略支撑，必须摆在国家发展全局的核心位置”。十八届五中全会指出“深入实施创新驱动发展战略，发挥科技创新在全面创新中引领作用，实施一批国家重大科技项目，在重大创新领域组建一批国家实验室，积极提出并牵头组织国际大科学计划和大科学工程”。《国家创新驱动发展战略纲要》明确，到2020年我国进入创新型国家行列。党的十九大进一步明确，到2035年我国基本实现现代化，跻身创新型国家前列；到21世纪中叶把我国建成富强民主文明和谐美丽的社会主义现代化强国。

推进现代化创新型国家建设，需要实施一批重大科技发展计划、建设一批重大科研设施平台作为支撑。2013年《国家重大科技基础设施建设中长期规划（2012—2030年）》提出，到2030年基本建成布局完整、技术先进、运行高效、支撑有力的重大科技基础设施体系；2016年《国家重大科技基础设施建设“十三五”规划》明确以能源、生命、地球系统与环境、材料、粒子物理和核物理、空间和天文、工程技术7个科学领域为重点，按照启动建设、筹备论证、探索预研、完善提升4个层面，推动国家重大科技基础设施布局建设和发展，优先布局建设10个重点项目。

我国坚持农业农村优先发展总方针，改革开放以来先后21次出台以“三农”为主题的中央一号文件，特别是2004年以来，连续16年聚焦“三农”工作，2014—2019年连续6年部署开展农业重大工程建设，涉及科技创新、种业工程、生态保护、生物多样性、精准脱贫等。我国已建成一批并正在实施一批农业重大科研设施，高效高质地支撑了国家农业科技创新体系建设，带动了农业前沿科技领域一批具有世界影响力、革命性的高新农业科技成果产出。

当前，我国正在加速推进农业现代化进程，乡村振兴和脱贫攻坚对农业科技支撑需求前所未有的强烈。2017年5月，习总书记对农业科研国家队中国农业科学院提出“要面向世界农业科技前沿、面向国家重大需求、面向现代农业建设主战场，加快建设世界一流学科和一流科研院所，勇攀高峰，率先跨越，推动我国农业科技整体跃升”总要求。面对新形势、新任务和新要求，本书基于项目生命周期理论分析了农业重大科研设施谋划申报、设计实施、验收评价等建设实践，具有良好的现实指导意义，亦有一定的学术价值。

1　农业重大科研设施概述

农业重大科研设施是推进我国由传统农业大国向创新型农业科技强国转变的重要支撑保障平台，也是面向世界农业科技前沿和国家重大需求，抢占世界农业科技制高点的国之重器。开展农业基础性、前沿性、原创性，以及多学科、多领域、多层次、多机构协作科学研究，国际公认重大科研设施发挥着极其重要的作用，同时也体现和彰显了国家的科技实力、经济实力和综合竞争力。

1.1　农业重大科研设施内涵

农业重大科研设施前瞻性强、技术集成度高、影响力广泛，能够提供复杂、系统的研究手段，具有一般科研平台不可比拟的条件优势，是突破农业科学前沿、解决农业农村经济社会发展和国家农业安全等重大科技问题不可或缺的高层次的物质条件支撑，具有以下基本属性。

公益性。着力于国家或产业发展急需，具有较强的正外部性，项目建设与运行主要依靠财政资金，往往依托国家级农业科研机构、部属高校建设，建成后服务于农业重大科技创新和产业发展关键性技术突破。

先进性。满足抢占新一轮世界农业科技革命和产业变革的战略先机要求，支撑国家战略必争领域关键核心技术研究，兼具工程和科研双重属性，运用当代相关学科最前沿的工艺技术、最先进的工程技术，引领未来产业发展趋势，加速推进农业农村现代化进程，具有良好的标杆效应。

复杂性。满足探索农业未知世界和发现农业未知规律的实验条件需求，聚焦解决我国农业农村经济社会发展和国家安全瓶颈性科技难题，为不断加快的学科分化与交叉融合、日益综合的研究目标提供极限研究手段，往往应用于多学科交叉或前沿新兴学科研究。

平台性。相比一般科研设施，农业重大科研设施往往是前沿功能性专有设施或设施群，在科学技术水平、管理理念、治理能力等方面具有前瞻性，能够集聚农业科技人才、农业科研经费和重大农业科研项目，引领我国农业农村科技进步和产业发展。

顶层性。农业科研设施总体布局呈正“金字塔”特点，农业重大科研设施位于塔尖，是条件体系建设中顶层结构，需从国家层面顶层设计、系统谋划，并在体制机制上深化改革，健全建设与运行的投入机制、开放共享机制、评价考核机制，促进集群化、集约化发展。

实务中，农业重大科研设施可能是一个专用科研装置，具体在基本建设上表现为一个单位工程（单项工程）；也可能是一个功能性设施群，在基本建设上表现为由多个单位工程组成的单项工程。

1.2 农业重大科研设施意义

农业重大科研设施是贯彻落实创新驱动发展战略，推进新型工业化、信息化、城镇化、农业现代化“四化同步”，加快建设农业科技创新强国重要战略保障。农业重大科研设施肩负着农业科技新思想、新理论、新技术和重大科技命题策源地的使命，是国家农业高层次科研人才培养基地，事关农业现代化进程、事关乡村振兴战略实施科技支撑保障能力、事关农业综合效益和竞争力提升等农业农村发展全局性重大问题。

1.2.1 促进农业重大科技成果产出

科技成果是指科技人才依托物质条件平台，通过科学研究、技术开发等科技活动所产生具有实用价值的成果。重大科研设施策划者、建设参与者以及使用者是具有渊博知识的科学家群体。他们借助农业重大科研设施平台，开展前沿研究，不同思想、不同观点得以碰撞，推动了有关学科交叉融合、渗透发展，形成新的学科增长点，促进一批重大原创科研成果产出。当代重大科学发现与技术发明，大多是依托重大科研设施融合多学科成就而完成的。中国农业科学院作物科学研究所依托2003年建成的“中国农作物基因资源与基因改良国家重大科学工程”，累计获得国家级科技奖励16项，占研究所1957年建所以来产出国家级科技成果总数44.44%（图1）。

图1　中国农作物基因资源与基因改良国家重大科学工程

资料来源：中国农业科学院作物科学研究所门户网站

1.2.2　推进农业高层次人才培养

多学科联合攻关是当代科学研究重要特点。基于农业重大科研设施开展多学科联合研究，可以多视角分析并解决问题，在促进学科整体水平提升的同时，凝聚和培养了一批国内外顶尖农业科学家和农业研究团队，以及高水平工程技术和管理人才。依托农业重大科研设施，以科研项目实施为抓手，农业高层次科研人才的培养和集聚正在逐步成为“一流院所、一流学科”建设的重要形式。中国农业科学院依托农业重大科研设施，实施“杰出人才工程”“科技创新团队建设工程”“青年英才计划”“科研英才培育工程”等人才培养工程，造就一支学科专业比较齐全、高层次人才相对集中、人员结构优化、勇于开拓创新的农业科技人才队伍和科技创新团队，先后有35位“两院”院士在院工作，涌现出一批国家重大科技任务首席科学家、国家杰出青年基金获得者、国家级“百千万人才工程”入选者、农业科研杰出人才等科研领军人物，以及国家自然科学基金创新群体、农业科研创新团队等杰出科研团队。与此同时，建立了包括硕士、博士、留学生教育在内的多层次、多类型人才培养体系，目前在读研究生规模近6 000人，已累计为社会培养输送了1万多名农业科研高层次人才。

1.2.3 促进科研交流和科研资源共享

创新型国家建设，必然伴随知识和技术的交流与扩散。加快提升我国科技创新能力，不仅需要创新人才、创新机制，更需要创新环境，需要为全社会所有从事科技创新活动人才、机构提供科技创新活动所需要的条件、服务和平台，尤其是中小型创新企业。农业重大科研设施在促进农业科技交流，传播和扩散农业科技成果，提供科技服务等方面发挥着重要作用。一方面，为科学家和科研人员提供科研条件和手段；另一方面，通过开放共享打破科研条件和科研设备垄断。中国农业科学院农业图书馆基于庞大的农业科技信息资源，发挥了中国农业科学院系统科技资源规模效应，成为全国乃至国际农业信息资源共享中心，为全国、全世界各类农业科研工作者提供了快速、高效、优质的信息服务（图2）。

图2 国家农业图书馆（中国农业科技文献与信息服务平台）

资料来源：中国农业科学院农业信息研究所门户网站

1.2.4 提升科研服务社会经济发展能力

当前，我国经济社会进入了必须依靠科技创新和科技服务驱动发展新阶段。多学科交叉、协作攻关对于提升服务社会经济发展能力具有事半功倍的效果。农业重大科研设施集聚科学研究、科技推广和科技成果转化相关人员，融合分散在各行业、各地区和各单位的科技资源，加速新发现、新知识和新技术的产生、扩散和应用。农业重大科研设施在科研基础数据、种质资源等国家战略资源收集、保护、评价和挖掘利用等方面发挥着重要作用。近年来，我国先后启动建设国家作物种质库、国家海洋生物种质资源库等农业重大科研设施。受世界人口增长、资源消耗大、环境污染严重等因素影响，世界粮食安全面临着严峻挑战。全球农业以基因资源为基础，以基因挖掘与利用为核心、以品种为载体的相关研究日益深入，基因或基因组学在作物学科研究和产业化应用方面前景良好。2020年1月我国立项建设了农业基因组学研究中心重大项目（图3），2020年3月我国启动建设了北方水稻研究中心重大项目，将在增强我国种业核心竞争力、保障国家粮食安全方面发挥重要作用（图4）。

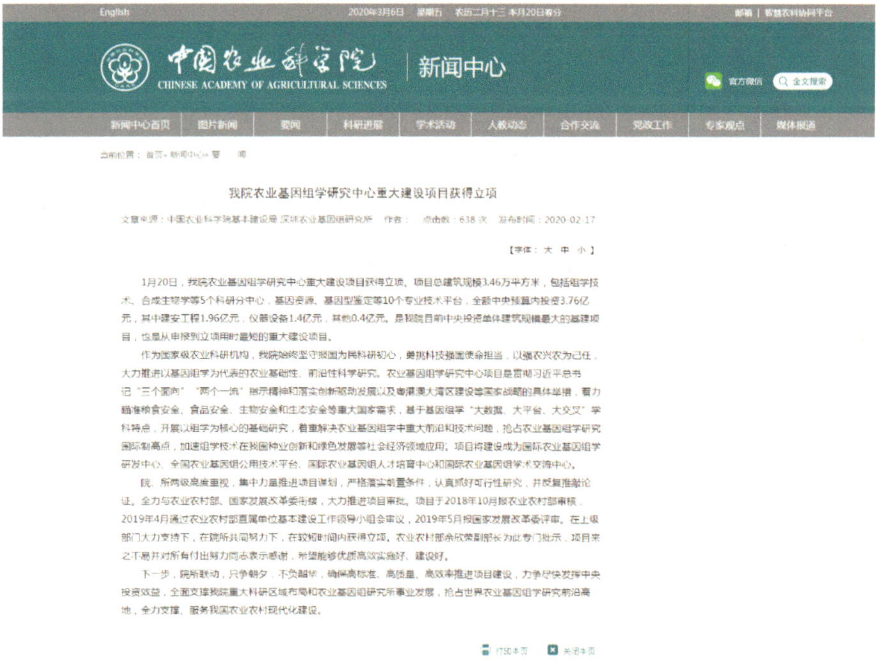
English　2020年3月6日　星期五　农历二月十三 本月20日春分　邮箱 | 智慧农科协同平台

中国农业科学院 CHINESE ACADEMY OF AGRICULTURAL SCIENCES | 新闻中心　官方微信　全文搜索

新闻中心首页 | 图片新闻 | 要闻 | 科研进展 | 学术活动 | 人教动态 | 合作交流 | 党政工作 | 专家观点 | 媒体报道

当前位置：首页» 新闻中心» 要闻

我院农业基因组学研究中心重大建设项目获得立项

文章来源：中国农业科学院基本建设局 深圳农业基因组研究所　作者：　点击数：638 次　发布时间：2020-02-17

【字体：大 中 小】

1月20日，我院农业基因组学研究中心重大建设项目获得立项。项目总建筑规模3.46万平方米，包括组学技术、合成生物学等5个科研分中心，基因资源、基因型鉴定等10个专业技术平台，全额中央预算内投资3.76亿元，其中建安工程1.96亿元，仪器设备1.4亿元，其他0.4亿元。是我院目前中央投资单体建筑规模最大的基建项目，也是从申报到立项用时最短的重大建设项目。

作为国家级农业科研机构，我院始终坚守报国为民科研初心，勇挑科技强国使命担当，以强农兴农为己任，大力推进以基因组学为代表的农业基础性、前沿性科学研究。农业基因组学研究中心项目是贯彻习近平总书记"三个面向" "两个一流"指示精神和落实创新驱动发展以及粤港澳大湾区建设等国家战略的具体举措，着力瞄准粮食安全、食品安全、生物安全和生态安全等重大国家需求，基于基因组学"大数据、大平台、大交叉"学科特点，开展以组学为核心的基础研究，着重解决农业基因组学中重大前沿和技术问题，抢占农业基因组学研究国际制高点，加速组学技术在我国种业创新和绿色发展等社会经济领域应用。项目将建设成为国际农业基因组学研发中心、全国农业基因组公用技术平台、国际农业基因组人才培育中心和国际农业基因组学术交流中心。

院、所两级高度重视，集中力量推进项目谋划，严格落实前置条件，认真抓好可行性研究，并反复推敲论证。全力与农业农村部、国家发展改革委衔接，大力推进项目审批。项目于2018年10月报农业农村部审核，2019年4月通过农业农村部直属单位基本建设工作领导小组会审议，2019年5月报国家发展改革委评审。在上级部门大力支持下，在院所共同努力下，在较短时间内获得立项。农业农村部余欣荣副部长为此专门批示，项目来之不易并对所有付出努力同志表示感谢，希望能够优质高效实施好、建设好。

下一步，院所联动，只争朝夕，不负韶华，确保高标准、高质量、高效率推进项目建设，力争尽快发挥中央投资效益，全面支撑我院重大科研区域布局和农业基因组研究所事业发展，抢占世界农业基因组学研究前沿高地，全力支撑、服务我国农业农村现代化建设。

打印本页　关闭本页

图3　农业基因组学研究中心重大项目

资料来源：中国农业科学院门户网站

Major rice research platform to be built in northeast China

Source: Xinhua | 2020-03-05 11:44:48 | Editor: huaxia

BEIJING, March 5 (Xinhua) -- A major rice research platform will be built in northeast China with a total investment of about 90 million yuan (about 13 million U.S. dollars) to promote the upgrading of the rice industry in the northern part of the country.

The construction of the northern rice research center of the China National Rice Research Institute of the Chinese Academy of Agricultural Sciences has recently been approved by the National Development and Reform Commission and the Ministry of Agriculture and Rural Affairs.

The center will be built in Baoqing County, Shuangyashan City, Heilongjiang Province. As a national science and technology innovation platform, the center is expected to significantly improve the contribution of science and technology in the rice industry in northern China, and promote the development of a high-quality rice industry.

The center will focus on rice resources innovation, new variety selection, ecological research, cultivation technology innovation and soil fertilization and remediation research.

北方首个国家级水稻重大科研平台转入建设阶段

来源：光明网 2020-03-04 17:23 听

光明网讯 近日，中国水稻研究所北方水稻研究中心重大建设项目初步设计和概算获得国家发展改革委和农业农村部批复，这标志着中国农业科学院在北方布局的第一个国家级水稻重大科研平台全面转入建设阶段。项目建设地点位于黑龙江省双鸭山市宝清县，项目总投资约9000万元。

中国水稻研究所北方水稻研究中心设计效果图 中国农科院供图

据介绍，北方水稻研究中心重大建设项目是我国布局在东北地区重要的国家级科技创新平台。该项目聚焦国家粮食安全重大战略，发挥科技创新第一驱动力重要作用，有力保障和进一步提升黑龙江省“北大仓”粮食综合生产能力,促进“藏粮于地、藏粮于技”战略行动实施，将重点围绕我国北方水稻种质资源创新、新品种选育、生理生态研究以及栽培技术创新、土壤培肥及修复研究等6大领域以及北方水稻产业发展中共性技术、关键技术研发等开展科研攻关。项目建成后，将显著提升科技在我国北方水稻产业中的贡献率，促进我国北方水稻产业升级换挡和高质量发展。

中国农科院和中国水稻研究所高度重视项目建设，全力衔接地方政府、主管部门和设计单位，协同推动各项前期工作的高效落实，积极协调推进初步设计和概算评估审批。在国家发改委、农业农村部等主管部门大力支持下，该项目建设得到了地方政府全力支持和大力推进。

下一步，该项目将按照初步设计和概算批复，聚焦建设目标，高质量、高效率地推进项目建设，抓好项目投资控制、进度控制、质量控制、安全控制，力争尽快建成尽早投入使用，支撑我国农业农村现代化建设和服务地方农业农村经济发展。（光明网记者宋雅娟）

［责编：张蕃］

视觉焦点

甘肃靖远：“摘帽”之后不松劲

最热文章

野生动物的“身体密码”：一面天使 一面魔鬼 1

【光明科技时评】抗疫药物研发应“未雨绸缪” 2

如何阻断“炎症风暴”，提高危重治愈率？ 3

大数据助力疫情防控| 更多亮眼表现，还得加快补短板 4

微视频|感谢有你 白衣天使 5

战“疫”表情包|世上哪有天生的英雄，只是因为有人需要 6

图4　北方水稻研究中心重大项目

资料来源：新华网、光明网门户网站

1.3 农业重大科研设施现状

21世纪以来，我国农业农村经济结构进入战略性调整阶段。特别是2004年以后，中央一号文件连续聚焦“三农”工作，部署推进农业农村经济发展，一批农业重大科研设施在此期间得以落地建设（表1）。

表1 我国农业重大科研设施一览

序号	项目名称	投资规模（亿元）	立项时间（年）	建设地点	备注
1	中国农作物基因资源与基因改良重大科学工程	1.7	2001	北京市	
2	南海区渔业资源与环境科学调查船	0.93	2002	广州市	
3	中国农业科学院农产品质量标准与检测中心	1.3	2004	北京市	
4	国家口蹄疫参考实验室	1.9	2004	甘肃省兰州市	
5	国家动物疫病防控高级别生物安全实验室	3.8	2004	黑龙江省哈尔滨市	
6	国家兽医微生物中心	4.16	2004	北京市	
7	国家动物疫病预防控制中心	2.73	2004	北京市	
8	国家农作物航天诱变技术改良中心	0.55	2006	北京市	
9	国家农业转基因生物安全评价与检定中心	1.44	2006	北京市	
10	中国农业科学院农业图书馆	2.02	2007	北京市	
11	国家农业生物安全科学中心	1.55	2008	北京市	
12	农业部生物质工程中心和遥感中心	0.93	2010	北京市	
13	国家畜禽改良研究中心	2.38	2010	北京市	
14	热带农业科技中心	2.64	2010	海南省海口市	
15	国家作物种质库	2.6	2015	北京市	
16	3 000吨级海洋渔业综合科学调查船	2.29	2015	山东省青岛市	

（续表）

序号	项目名称	投资规模（亿元）	立项时间（年）	建设地点	备注
17	3 000吨级海洋渔业综合科学调查船	2.29	2015	上海市	
18	国家级海洋渔业生物种质资源库	1.62	2016	山东省青岛市	
19	国家农产品质量安全追溯管理信息平台	0.44	2016	北京市	
20	模式动物表型与遗传研究设施	11.42	2017	河北省涿州市/云南省昆明市	教育系统申报
21	国家农业遥感应用与研究中心	2.2	2018	北京市	
22	北方水稻研究中心	0.9	2018	黑龙江省双鸭山市	
23	农业基因组学研究中心	3.8	2020	广东省深圳市	
24	国家南繁作物表型研究设施	5.4	2020	海南省三亚市	海南专项建设

备注：资料来源于笔者收集素材整理。

分析上述农业重大科研设施，具有以下共性特点。

1.3.1 具有重大战略意义

往往聚焦于粮食安全、生态安全、农产品质量安全、重大动物疫病防控、区域发展等国家战略，以及新兴学科、交叉学科等前瞻性研究。十九大报告强调，要瞄准世界科技前沿，实现前瞻性基础研究，引领性原创成果重大突破。近年来，为加强国家种质资源保护，保障“以我为主，立足国内、确保产能、适度进口、科技支撑的国家粮食安全战略”的实现，确保“谷物基本自给、口粮绝对安全”，我国启动建设了“中国农作物基因资源与基因改良重大科学工程”“国家作物种质库”“国家级海洋渔业生物种质资源库”“国家畜禽改良研究中心”“北方水稻研究中心”等重大项目，其中“中国农作物基因资源与基因改良重大科学工程”为国家重大科技基础设施；为加强国家重大动物疫病防控，支撑“不管是自然产生的、偶发的还是人为故意制造的”生物防御战略，建设了“国家动物疫病防控生物安全高级别实验室”“国家口蹄疫参考实验室”“国家兽医微生物中心”“国家动物疫病预防控制中心”“国家农业生物安全科学中心”等重大工程，其中“国家农业生物安全科学中心”为国家重大科技基础设施；为推进新兴学科和前沿科技发展，建设了“农业基因组学研究中心”“国家农业遥感应用与研究中心”“国家南繁作物表型研究设施”“模式动物表型与遗传研究”等重大设施，其中“模式动物表型与遗传研究”为国家重大科技基础设施。农业重大科研设施成为推动国家科技、经济、社会发展的重要因素，是我国农业农村科技创新和农村经济社会高质量发展的基石。

1.3.2 工程与工艺技术复杂

相比一般项目，农业重大科研设施工艺技术与工程技术更加复杂。工艺技术方面，甚至有时需要边研究、边试验、边运用，农业重大科研设施建设过程中往往会产生工艺技术发明专利；工程技术方面，要满足更高洁净度、更好气密性、更大密度、更短时间、更高强度等极限研究需求，对工程施工精度、工程施工人员技术以及施工单位质量控制水平、施工组织管理水平等提出更高要求。特别是在工程技术与工艺技术匹配方面，往往需要边建设、边试验、边应用。在国家动物疫病防控高级别生物安全实验室建设期间，共申报、发表实用新型专利5件、论文13篇，参与国家行业标准制订4项，参编、参译著作18部。

1.3.3 建设单位具有较强综合实力

高水平组织谋划、较大难度建设管理、高效率高质量运行，特别是复杂的工艺技术水平，决定了农业重大科研设施不是一般科研单位可以承担的。一方面，项目建设单位要有深厚科研底蕴和积累，能够承担农业前瞻性、革命性科技突破工作，有能力组织开展重大关键性技术攻关。例如，国家口蹄疫参考实验室项目建设单位中国农业科学院兰州兽医研究所，是全国唯一口蹄疫科学研究、诊断和咨询中心，依托建有世界动物卫生组织（OIE）口蹄疫参考实验室、国家口蹄疫参考实验室，研制口蹄疫等疫病疫苗34种、诊断制剂近百种和兽药产品9个；国家口蹄疫参考实验室项目生物安全实验室国产化率达95%，强毒动物房国产化率达75%，打破了发达国家对我国高级别生物安全实验室建设技术壁垒。另一方面，项目建设单位要拥有三支高水平的人才队伍，即科研人才队伍、管理人才队伍和运行支撑人才队伍。农业重大科研设施从谋划申报到建成运行往往需要几年、十几年的时间，且建成后伴随巨大人力需求、运转经费需求、课题经费保障等，没有领导班子卓越眼界和坚定毅力推进，没有高效管理团队坚韧不拔、持之以恒的努力是不可能实现的。

1.3.4 项目建设谋划要求高

农业重大科研设施往往是国家战略的具体行动，是国家利益的现实反应，项目大多建设投资规模大，建成后科技影响与社会影响广泛。成功、高效的谋划建设农业重大科研设施，需要良好的契机，包括国家产业结构调整、中央权威机构发声、院士专家谏言等。例如，3 000吨级海洋渔业综合科学调查船的成功谋划，离不开以下四点的政策支持和环境需要，第一，国家提振造船工业、促进造船业发展的需要；第二，十八大报告提出“海洋强国”战略，《国务院关于促进海洋渔业持续健康发展的若干意见》（国发〔2013〕11号）颁布，扶持和壮大远洋渔业，加大国家固定资产投资对海洋渔业的支持；第三，胡锦涛、温家宝等时任党和国家领导人先后赴我国海外远洋渔业基地考察并做出重要批示；第四，有关政协提案、院士建议等提出面向黄海、东海各建设一艘能够开展除极地以外地区的深远海渔业资源科学调查的科考船（图5，图6）。

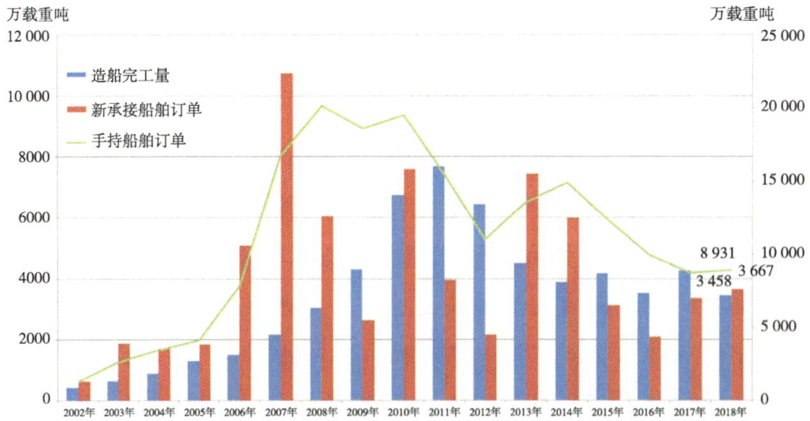

图5　2002—2018年中国造船三大指标

资料来源：中国船舶工业行业协会

中文简体 | 中文繁体 | 英文 | 邮箱 本网站搜索 搜索

中华人民共和国中央人民政府

The Central People's Government of the People's Republic of China

www.GOV.cn

网站首页 | 今日中国 | 中国概况 | 法律法规 | 公文公报 | 政务互动 | 政府建设 | 工作动态 | 人事任免 | 新闻发布

当前位置：首页>> 公文公报>> 国务院文件>> 国务院文件

中央政府门户网站 www.gov.cn 2013年06月25日 13时57分 来源：国务院办公厅

【字体：大 中 小】 打印本页 关闭窗口

国务院关于促进海洋渔业持续健康发展的若干意见

国发〔2013〕11号

各省、自治区、直辖市人民政府，国务院各部委、各直属机构：

我国是海洋大国，海洋渔业是现代农业和海洋经济的重要组成部分。改革开放以来，海洋渔业快速发展，结构不断优化，海水产品产量大幅增长，渔民收入显著增加，有力地促进了经济社会发展。但是，我国海洋渔业发展方式仍然粗放，设施装备条件较差，近海捕捞过度和环境污染加剧。为促进海洋渔业持续健康发展，现提出以下意见：

一、总体要求

（一）指导思想。以邓小平理论、“三个代表”重要思想、科学发展观为指导，深入贯彻落实党的十八大精神，坚定不移地建设海洋强国，以加快转变海洋渔业发展方式

图6 国务院关于促进海洋渔业持续健康发展的若干意见

资料来源：中央人民政府门户网站

1.3.5 运行经费高

相比其他科研设施，农业重大科研设施能源消耗更大，仪器设备更新成本更高，项目运行经费需求突出。例如，海洋科学调查船在有效使用寿命期（一般为20～30年）内，船舶使用、保养和设备更新等费用是建造费用的2.8倍；国家动物疫病防控生物安全高级别实验室年运行经费约4 000万元。农业重大科研设施依托单位往往是国家公益性机构，自身造血功能有限，充足的财政资金运行经费保障是项目建成后充分发挥投资效益的关键。

1.4 农业重大科研设施研究思路

文献检索表明，当前我国农业重大科研设施研究主要集中于运转经费研究，

例如，刘建安等（2016）分析了中央级农业科研单位重大科研设施运行费在申报、评审、执行、评价过程中存在的突出问题；开放共享机制研究，例如，李健（2016）基于协同治理理论，研究科研设施以及仪器设备共享开放情况；后勤保障研究，例如，王冻等（2017）从服务保障一流科研机构以及高水平科研设施角度研究后勤改革与创新等问题。目前，农业重大科研设施有关建设实践研究基本处于空白状态。

本书立足于项目建设单位视角，围绕农业重大科研设施管理实践需求，从项目谋划与申报、设计与实施、项目验收、绩效管理等方面开展分析，研究每个环节面临的主要问题，提出相应对策与建议，并采用观点结合案例的形式，以期为读者带来更多启发。

2 农业重大科研设施谋划与申报

从广义上讲，谋划与申报是项目立项前一切工作的总称。从狭义上讲，项目谋划是指项目战略研究和策划的过程，项目申报是指项目经详细策划和熟化后，按照申报要求报送立项的过程。对应现代投资咨询管理中投资机会研究、初步可行性研究和可行性研究三个阶段，广义上的谋划是指三个阶段的统称；狭义上的谋划是指投资机会研究和初步可行性研究阶段，申报是指初步可行性研究和可行性研究阶段。按照现行有关规定，对于已经列入国家有关发展建设规划的项目，可不再申报项目建议书（初步可行性研究），直接编制项目可行性研究报告（图7）。

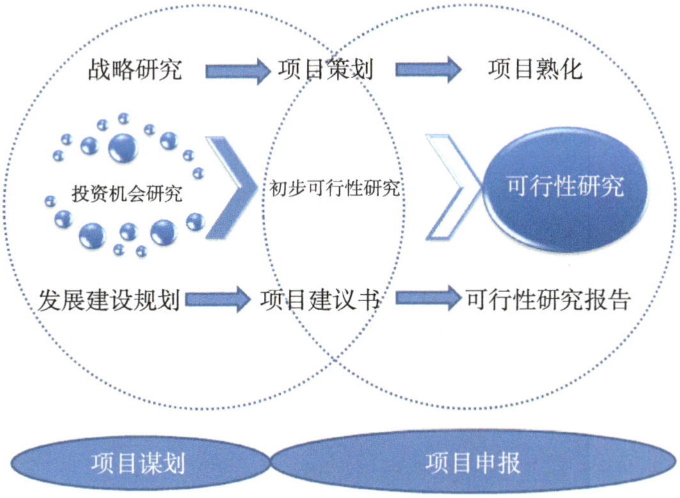

图7　项目谋划与项目申报逻辑关系

与一般建设项目相同，农业重大科研设施谋划与申报就是开展建设必要性、可行性、功能定位、建设目标、建设任务、建设选址、工艺技术路线（或工艺方案）、主要建设内容及规模、建设方案、投资估算、效益分析等咨询活动，并衔接国家有关建设资金渠道，将咨询成果按申报要求报送有关部门进行审批的全部过程。因此，开展农业重大科研设施谋划与申报，除必需的技术性咨询工作外，还需要了解国家有关建设资金渠道（注：可简单理解为发展建设规划，但严格意义上建设资金渠道不完全等同于发展建设规划）。

现阶段，我国农业重大科研设施规划主要包括两类。

一是国家重大科技基础设施等高新技术专项规划。2013年国务院印发《国家重大科技基础设施建设中长期规划（2012—2030年）》，2016年国家发展改革委、科技部、财政部等联合印发《国家重大科技基础设施建设“十三五”规划》，聚焦能源、生命、地球系统与环境、材料、粒子物理和核物理、空间和天文、工程技术7个重点科学领域，提出在较长时间周期内从循序启动建设、筹备论证、探索预研、完善提升4个层面推动国家重大科技基础设施布局建设和发展，打造具有世界先进水平的重大科技基础设施群。具体到生命科学领域（农业科学方面），建成了中国农作物基因资源与基因改良重大科学工程和国家农业生物安全科学中心，建设模式动物研究设施，适时启动农作物种质表型和基因、动物疫病、农业微生物研究设施建设，支撑我国农业生物技术和农业产业发展。

二是中央预算内农业发展建设规划，包括中央预算内行业专项发展建设规划、中央预算内部门自身能力建设规划两类。“十三五”期间，中央预算内农业发展建设规划包括农业部直属单位中长期基本条件能力建设规划、全国农业科技创新能力条件建设规划、全国动植物保护能力提升建设规划、数字农业农村发展规划、现代种业提升工程建设规划、国家天然橡胶基地建设规划、全国沿海渔港建设规划等。有关规划中布局建设了重大项目，例如，全国农业科技创新能力条件建设规划中设立农业重大科学工程项目。

当前，中央预算内农业发展建设规划是农业重大科研设施主要建设依据和重要资金来源。

2.1 农业重大科研设施产生机理

农业重大科研设施是基建管理人员、科研人员、财务人员、咨询人员等为解决农业重大科研条件建设需求，根据国家和行业发展战略和相关产业政策，整合现有科技资源和科技条件资源，并依据有关技术标准和建设规范，进行系统谋划的思维活动产物。

农业重大科研设施成功谋划需具备以下要素。

2.1.1 谋划契机

农业重大科研设施谋划不是空穴来风，一定是源自真实的科研条件需求，特别是前沿性、革命性科技变革对科技条件的需求；一定是产生于科研能力较强的农业科研机构或相关大专院校，主要领导视野开阔、前瞻意识强；一定是出自具有良好管理能力的单位，基建、科研、财务积极协同，有关咨询机构积极配合推进。除此之外，农业重大科研设施谋划还需要重大契机。

（1）公共安全需求。随着近年全球化进程加快，特别是2001年我国加入世界贸易组织（WTO）后，与世界各国交往频繁，生物安全事件频发（注：2003年非典疫情暴发，2004年禽流感疫情暴发，2018年非洲猪瘟疫情和草地贪夜蛾疫情暴发、2019年新冠肺炎疫情暴发），国家经济蒙受巨大损失的同时，还导致了严重的公共安全隐患，影响人民生产、生活和生命安全。2020年3月28日《光明日报》05版指出，农业生物安全关乎人类生存安危。习近平总书记在中央全面深化改革委员会第十二次会议上强调，要把生物安全纳入国家安全体系，系统规划国家生物安全风险防控和治理体系建设，全面提高国家生物安全治理能力；要尽快推动出台生物安全法，加快构建国家生物安全法律法规体系、制度保障体系。公共安全受到了民众和政府广泛关注。保障国家公共安全既是科技服务国家发展的职责与使命，也是国家农业重大科研设施谋划建设的重大战略契机。

案例　国家动物疫病防控高级别生物安全实验室谋划

2001年以后，全球多地新发、再发和突发各类流行性疾病、传染病、动物疫病，波及范围和扩散速度持续升级。与此同时，我国动物及动物源性食品领域贸易与日俱增，国外动物烈性传染病输入风险大大增加，同时还伴随世界范围内恐怖势力生化攻击威胁加剧的趋势。依托高级别生物安全实验室开展突发性烈性动物传染病监测以及国外重大烈性传染病预研，应对重大外来病、突发公共卫生事件，开展动物疫病防控技术研究，特别是研发新型、高效、安全生物制品疫苗，对于保障国家公共卫生安全意义重大。2003年我国暴发非典型肺炎（SARS）疫情，党中央、国务院高度重视，时任总书记胡锦涛、总理温家宝多次做出重要指示；科技部牵头组成全国非典型肺炎联合攻关组，然而当时我国只有生物安全三级实验室，且仅有11家勉强达到紧急防控研究要求，其中，中国农业科学院哈尔滨兽医研究所生物安全三级实验室是民用实验室中使用与维护最好的。

针对我国高级别生物安全实验室建设缺少规划、生物安全设施水平低且不健全严峻形势，2004年国家发展改革委编制实施了我国首个高等级生物安全实验室体系建设规划。在此背景下，中国农业科学院组织哈尔滨兽医研究所申报国家生物安全四级实验室项目，并于2018年5月建成了目前全球最大的大动物生物安全四级实验室单体设施，总投资约3.8亿元。该项目在2018年8月暴发的非洲猪瘟疫情以及2019年暴发的COVID-19（2019新型冠状病毒）疫情防控中，发挥了至关重要的科技平台支撑作用。2019年9月，国家发展改革委在给中共中央办公厅、国务院办公厅专报中报告了该项目发挥关键作用，明确将结合“十四五”规划研究，进一步研究加大支持力度，强化农业领域重大科技创新平台建设。

（2）国家战略需求。国家战略为一个国家战略体系中最高层次的战略，是为实现国家总目标而制定的总体性战略概括，也是指导国家各个领域工作的总方略。近年来，我国实施了“可持续发展战略”“区域协调发展战略”“创新驱动发展战略”“乡村振兴战略”等一系列国家战略，成为全国各行业、各领域开展工作的总方向和总目标。具体到农业农村领域，落实创新驱动农业农村经济发展，保障国家粮食安全和生态安全，实施“藏粮于地、藏粮于技”，促进农业农村绿色发展、高质量发展，实现乡村振兴，是当前突出的战略方向和战略指导。农业重大科研设施谋划建设既要立足国家战略，又要切实服务国家战略，更要抓住国家战略的契机。

案例　中国农作物基因资源与基因改良重大科学工程谋划

20世纪70年代初全球粮食减产，全球粮食储备由18%下降至14%，粮价上涨2倍，导致了第二次世界大战后最严重的粮食危机。1974年11月，联合国粮农组织（FAO）在罗马召开第一次世界粮食首脑会议，通过了《世界粮食安全国际约定》，首次提出“粮食安全”概念。1994年，美国学者莱斯特·布朗在《世界观察》杂志发表文章《谁来养活中国？》，认为随着中国人口增加和消费结构变化以及中国城市化和工业化推进，中国在2030年粮食供应将比1994年减少20%，中国将面临巨大的粮食缺口，到时中国不能养活自己，世界也养活不了中国。由此，中国粮食安全引起了国内外的广泛关注。

农作物种质资源遗传多样性蕴藏着各种潜在的可利用基因。20世纪，小麦矮秆基因*Rht1*、*Rht2*的发现和利用，使墨西哥由一个传统小麦进口国一跃而成为小麦出口国；水稻半矮秆基因*Sd1*的发现并育成一系列IR系列水稻品种，使菲律宾、印度尼西亚、印度等几个亚洲稻米进口国变为自给有余或出口国；我国大豆抗孢囊线虫病、抗根腐病和耐湿基因在美国大豆抗病育种中的成功利用，被认为是“挽救了美国的大豆生产”。“一个基因或一粒种子可以改变世界”“一个优异种质可以改变一个国家的贫穷面貌”。种质资源有主权，但没有知识产权，而从种质资源中对某个基因进行标记或克隆可获得专利权或知识产权，对基因资源发掘是人类对地球自然资源的最后一次“瓜分”。Monsanto公司从上海野生大豆中发掘出高产QTL，并将与此相关的64项内容在101个国家申请了专利保护，以此制约他国。农作物基因资源成为世界各国必争的战略领域。世界发达国家对农作物资源及其知识产权展开激烈争夺，逐步由资源考察、收集、鉴定、评价向基因资源鉴定、分离及其克隆转变。基因组学发展和作物基因资源基因型鉴定方法出现，进一步强化该趋势。“建立以生物基因为核心的知识产权财富，使之能更为有效地进入变化着的全球生物技术市场”已成为各国政府行动的首要目标之一。有识之士惊呼“发达国家凭借其雄厚的资金及技术优势，有可能独霸基因的知识产权，使富国越来越富，穷国越来越穷”。

我国是世界上农作物基因资源最丰富的国家之一，但作物育种亲本材料遗传基础狭窄，出现了大面积推广品种遗传多样性不足、大多数位点相同的问题，造成“农作物基因资源丰富而育种亲本贫乏”的矛盾。基于上述情况，中国农业科学院组织作物科学研究所于1995年开始谋划“中国农作物基因资源与基因改良科学工程”，原农业部、两院学部多次召开院士、专家咨询会。1998年3月，原农业部正式向国家计委、科技部报送国家重大科学工程项目——“国家农作物基因资源工程”立项建议书。1998年10月，中国农业科学院向时任副总理李岚清提交

“关于建立国家重大科学工程项目‘农作物基因工程’建议”；1998年12月，原科技部向李岚清副总理报告国家农作物基因资源工程建议的有关情况，原则上支持项目立项。此后，原国家计委、科技部多次对项目进行调查研究和实地考察，并就抓紧争取1999年立项提出改进意见和具体建议。1999年10月，原农业部将“中国农作物基因资源与基因改良科学工程”项目建议书报国家发展计划委员会审批；2000年2月，原国家计委批准项目建议书；2003年该项目最终建成并投入使用。“中国农作物基因资源与基因改良科学工程”是挖掘农作物基因资源保障国家粮食安全的战略选择，也是回答“谁来养活中国？”的具体举措。

案例　国家作物种质库谋划

作物种质资源是人类赖以生存和发展的最重要物质基础和战略资源。20世纪以来，受人口增长、环境变化、滥伐森林和耕地沙漠化等影响，作物遗传资源多样性不断遭到破坏或丧失。美国在过去的100多年，玉米、番茄、苹果的种植品种分别丧失91%、81%、86%；韩国在1985—1993年，一些农场种植品种丧失或替代达到74%；许多国家种植的地方特有作物和品种也正在被外来作物和新品种替代或丧失，造成农作物遗传基因多样性减少和一致性增强，导致病虫等灾害暴发，农业生产损失惨重。1970年，玉米小斑病使美国玉米产量大幅度减产，给农民造成数亿美元的损失，原因是当时美国种植的70%的玉米都使用了同一个胞质雄性不育系配制的杂交种，而该杂交种高度感染了玉米小斑病。为此，世界各国从战略高度重视作物种质资源收集保存，许多发达国家通过各种途径从他国搜集资源，建立种质库、种质圃、原生境保护点等种质资源保存体系。特别是《生物多样性公约》《粮食和农业植物遗传资源国际条约》实施和生物技术及其相关产业迅猛发展，世界各国更加重视作物种质资源收集与保存，并尽可能地多占有别国种质资源。美国、日本、韩国、印度等国家相继建立集低温种子库、试管苗库、超低温库和DNA库为一体的大容量、自动化、智能化、体系化和现代化的综合性种质库，其中，美国国家作物种质库库容150万份，印度国家作物种质库库容100万份。2008年2月，挪威建成全球农业诺亚方舟，即号称“末日粮仓”的斯瓦尔巴全球种子库，备份全球农作物种子资源。对种质资源占有和有效利用成为一个国家国力的象征。

我国是世界上公认的作物种质资源大国，仅与粮食和农业密切相关的植物物种就达293科、2 155属、9 631种。1986年，在原国家计委、原农业部支持下和美国洛克菲勒基金会资助下，依托中国农业科学院建成了我国第一座国家作物种质库，库容40万份，以低温保存形式（−18℃）保存作物种质资源。近年来，在科研工作者努力下，我国抢救性地收集保存了一大批濒临丢失的重要栽培品种、农家品种和野生近源等种质资源，引进一大批国外优质资源，保存农作物资源总量达49万份（其中，以种子保存资源42万余份）。经多年发展，我国作物种质资源保存面临严峻挑战，长此以往甚至威胁国家粮食安全，一是国家作物种质库收集保存的农作物资源总量已超过设计库容，第三次种质资源普查每年新增的2万份新资源无法安全入库保存；二是作物种质资源保存体系不健全，信息化和智能化水平低，缺乏试管苗库、超低温库和DNA库等保存形式，无性繁殖作物及野生近缘植物、特有作物种质花粉、胚、根尖、芽和DNA还未能得到长期有效地保护和利用。为此，中国农业科学院组织作物科学研究所于2007年谋划国家作物种质库新库建设方案建议，2009年提出了国家作物种质库项目建议书，2015年国家发展改革委批复项目可行性研究报告，2019年项目开工建设。

案例　国家畜禽改良研究中心谋划

畜牧业每次突破和跨越都是以良种革命为先导。以畜禽改良中心引领育种体系发展，是发达国家成功经验和发展趋势。美国、德国、法国等世界畜禽育种强国通过畜禽资源保护和利用、品种培育与扩繁等技术体系建设，确保在畜禽品种培育和改良方面处于国际领先地位。近几十年来，发达国家不断利用计算机技术、分子生物技术、新的统计技术与常规育种相结合进行多学科联合攻关，遗传改良已成为提高畜牧生产水平的重要手段，在畜牧业技术进步贡献率中占有40%以上的份额。

与此同时，我国畜禽遗传改良技术水平相对不高，畜禽基因资源研究和开发原始创新能力相对较弱、国际竞争力不强，有自主知识产权的优质、高产品种严重缺乏，畜禽改良和生产中使用主导品种主要依赖进口，特有畜禽种质资源流失数量惊人，直接面临基因掠夺危险，动物育种一些关键技术，尤其是上游分子育种技术急待突破。《国家中长期科学和技术发展规划纲要（2006—2020年）》将“加强农业技术集成和配套，突破主要农作物育种和高效生产、畜牧水产育种及健康养殖控制关键技术”列为重点领域优先主题规划任务。2006年6月12日，国务院召开协调会议再次明确提出“把科技进步作为促进畜牧业发展的重大措施，请农业部、科技部等部门大力加强畜牧业科技攻关，力争在品种改良与推广、饲养方式、饲料配方等方面有重大突破”。基于此，2006年11月旭日干等9位院士向国务院提出“建设国家畜禽改良中心的建议”，时任国务院总理温家宝专门做出批示。2007年1月国务院印发《关于促进畜牧业持续健康发展的意见》，明确提出抓好畜禽品种改良。随后，原国家发展改革委、农业部将畜禽改良中心建设纳入《全国畜禽良种工程二期建设规划》。中国农业科学院抓住机遇，组织北京畜牧兽医研究所启动项目可行性研究，2007年提出建设国家畜禽改良研究中心申请，2010年国家发展改革委批复项目可行性研究报告，2016年项目建成投入使用。

案例　北方水稻研究中心谋划

水稻是我国第一大粮食作物，稻米是我国65%以上人口主粮。人口增长是我国水稻产业发展的原始动力，预计2030年水稻亩[①]产达到523千克才能保障粮食安全供给。与此同时，我国水稻产业面临资源约束性增强、强灾害性气候和病虫害多发、比较效益偏低等严峻形势，以及居民消费水平提高和膳食结构调整对稻米品质提出更高要求的新情况。从水稻种植形势上看，产量增长潜力最大的地方要属东北地区及江淮海地区，特别是东北水稻自2000年以来实现跨越式发展：2001年东北水稻种植面积为4 153万亩，2015年达到7 200万亩，增幅达到73.4%。

东北地区水稻米质佳、口感好、营养高，越来越受到广大消费者青睐，市场上东北大米粮源紧俏。东北水稻是我国常规稻主产区，种植面积约占全国常规稻总面积的43%，产量约占全国常规稻总产的40%，在稳定东北粮仓地位和保障我国“口粮”安全方面具有举足轻重地位与作用。提高东北常规稻

① 1亩≈667平方米，1公顷=15亩。全书同

产量和品质，对于确保我国口粮安全和社会稳定具有重要战略意义。当前，东北水稻产业面临耕地发展空间逐渐缩小、水资源短缺日益凸显、低温冷害频繁发生、稻瘟病为害日趋严重、生产技术及稻米品质仍需提高等问题。其核心原因：一是基础研究薄弱，科研水平跟不上产业发展水平。我国农业科研优势力量主要集中在中东部地区，北方水稻科研投入多年来相对不足，在北方尤其是在黑龙江省还未有国家级水稻研究科研机构，科技力量布局与产业发展不匹配问题日益突出。二是粮食生产所依赖的肥沃"黑土地"正面临黑土层逐年退化、地下水位逐年下降一等系列问题，低温冷害发生频繁，严重制约着产量和品质提高。三是东北地区水稻品种多年来一直面临品种类型单一、稻瘟病等为害日趋严重，品质有待进一步提升、低温灌浆能力有待进一步增强等突出问题。四是稻作技术发展不平衡、育种技术有待提升，机插育秧等水稻生产全程机械化尚有许多关键共性技术亟须突破。长此以往，必然会对东北粮仓乃至国家粮食安全构成严重威胁。

2017年中央一号文件强调"经过多年不懈努力，我国农业的主要矛盾由总量不足转变为结构性矛盾，突出表现为阶段性供过于求和供给不足并存，矛盾的主要方面在供给侧"。《东北地区振兴规划》提出"用现代物质条件装备农业，用现代科学技术改造农业，用现代产业体系提升农业。提高农产品产量、质量和安全水平，提升农业整体素质和竞争力，巩固国家重要商品粮基地地位"。为此，为更好地发挥农业科研国家队的作用，中国农业科学院组织中国水稻研究所谋划了"北方水稻研究中心"重大项目，并于2018获得了国家发展改革委立项批复，2020年开工建设。

（3）科技前沿研究需求。主要包括农业科学基础研究和前沿学科交叉研究。基础研究是认识自然现象、揭示自然规律，获取新知识、新原理、新方法的研究活动。《国家中长期科学和技术发展规划纲要（2006—2020年）》指出"对基础学科进行全面布局，突出学科交叉、融合与渗透，培育新的学科生长点。通过长期、深厚的学术研究积累，促进原始创新能力的提升，促进多学科协调发展"。农业重大科研设施可立足农业科学科技前沿，开展农业科学基础研究以及前沿学科交叉研究，推进有关学科发展，支撑农业农村现代化建设。例如，结合20世纪末发展和建立起来的基因组学新兴学科，开展农业基因组学研究，揭示DNA序列中蕴含的影响农业生物生命活动各类信息，从最基础层面研究生命本质，提高农业发展质量和发展效率；基于纳米前沿科技发展，利用纳米材料尺寸效应、界面效应、隧道效应、环境响应与智能传递等特殊功能，将纳米科技与农业绿色发展理念相结合，加强农业纳米结构材料创制与功能挖掘、农业投入品提质增效与农产品多级转化利用，加速高效、绿色与可持续农业和战略新兴产业发展。

案例　农业基因组学研究中心谋划

基因组学是20世纪末发展和建立起来的新兴学科，以测定和解释物种基因组序列组成、结构和功能为主要研究内容。自诞生以来，基因组学是生命科学领域发展速度最快、最具潜力的学科，已衍生了多组学（包括转录组、蛋白组、代谢组等）、基因组编辑和合成基因组等新的分支。

农业基因组学技术研究成果正在影响着全球25亿农民和产值达数万亿美元的主要粮食作物和畜禽。我国是世界上较早启动农业基因组学研究的国家之一，已开展了水稻等重要农业物种基因组测序，但相比人类基因组计划等大科学组织模式，我国农业基因组学领域尚缺少跨学科交叉合作研究平台，农业合成生物学研究尚未形成体系。为此，围绕基因组学研究对农业科技和产业变革的巨大潜力，中国农业科学院组织深圳农业基因组研究所于2018年谋划了农业基因组学研究中心重大项目，2020年国家发展改革委批复了项目可行性研究报告。

（4）重大公共平台建设需求。重大公共平台设施布局应避免分散，集中建设。以图书馆为例，作为重要信息枢纽，图书馆正在逐步成为一个国家、一个地区或一所学校的文化建筑代言人。美国、法国、澳大利亚等世界发达国家、国际都市和世界著名高校都把知识储备能力和信息占有能力看作一项战略工程，把图书馆作为经济、科技发展水平和文化建设成就的重要标志，采取各种措施，运用高新技术装备这一公共平台，提高文献信息获取和开发利用能力。20世纪90年代以来，图书馆建设加快由传统型向现代型过渡，世界相继建起了许多标志性图书馆建筑，如美国国家农业图书馆、俄罗斯列宁图书馆、澳大利亚维多利亚州立图书馆、日本大阪市立中央图书馆等。中国农业科学院图书馆具有深厚储备和悠久历史，先后被确定为全国农业中心图书馆和重点发展图书馆。1999年，我国为发挥联合优势，以虚拟方式成立了“国家科技图书文献中心”，中国农业科学院图书馆是该中心的8个成员之一，其他成员馆中，中国科学院图书馆、中国医学科学院图书馆、国家工程技术图书馆均先后建成了规模恢宏的新馆舍，而农业图书馆仍处于较为落后的状态，不利于“国家科技图书文献中心”整体功能效益发挥。为此，中国农业科学院整合需求谋划了服务全国农业科研、农业教学和农业生产人员的重大公共平台项目，并于2007年7月获得国家发展改革委立项批复，主要功能包括藏书、阅览、科研、学术交流等，承担着保存文化遗产、集散农业信息、服务农业科技等多项职能。

案例　中国农业科学院农产品质量标准与检测中心谋划

农产品质量是农产品竞争的焦点，不仅关系市场竞争力，影响农业生产者收益，而且关系人类健康。2001年我国加入世贸组织（WTO），农业更加开放，农产品不仅面临着激烈的国内市场竞争，也面临着复杂多变的国际竞争环境。有关国家利用WTO规则恶意使用技术贸易措施损害他国利益，而且这些技术贸易措施往往具有名义上合理性、提法上巧妙性、形式上合法性、手段上隐蔽性等特点，国际贸易保护由传统关税壁垒向技术贸易措施等非关税壁垒转移。我国农业和农村经济很长一段时间将追究产量提高作为主要目标，对农产品质量、农业生态环境保护重视不够，农产品质量标准研究工作严重滞后、标准技术含量不高，标准体系和检测体系不健全。

基于这些背景，我国政府和中央领导高度重视农产品质量标准工作，多次提出“要加强农产品质量安全标准体系、检验检测体系建设”“加快建立农产品市场信息、食品安全和质量标准体系，引导农民按市场需求生产优质农产品”“健全农产品质量安全体系，增强农业的市场竞争力”。国家农业行政主管部门采取各种措施加强农产品质量安全管理，2001年出台了《农业部关于加强农产品质量安全管理工作的意见》，2002年出台了《全面推进“无公害食品行动计划”的实施意见》，提出组建农业部农产品质量标准和检测研究中心。中国农业科学院围绕国家和产业发展对农产品质量标准与检测急需，2002年获批组建中央事业法人农业质量标准与检测技术研究所，并于2003年谋划提出建设农产品质量安全重大公共平台“农产品质量标准与检测中心项目”。2004年5月国家发展改革委批复项目立项，2011年6月建成投入使用。

2.1.2 目标导向

一是科研目标导向，即科研工作对基础条件的刚性需求。这是农业重大科研设施项目谋划的内在驱动力。要解决的科研问题决定着科研设施建设需求，用什么样的科研技术路线（或技术方案）既关系科研任务能否完成，也决定着科研设施具体建设内容，是将科学问题工程化的主要依据。开展农业重大科研设施谋划，须首先明确项目功能定位与建设任务，即解决什么样的问题和建设什么样的内容。这也从一个维度上说明农业重大科研设施谋划必须由农业科研工作者提出。

二是投资渠道导向。这是将农业重大科研条件建设需求转化为农业重大科研设施实物的最重要条件。我国现行的是条块分割的固定资产投资机制，中央预算内农业建设资金有不同资金渠道，资金规模、支持方向以及储备要求均不尽相同，且各渠道呈现排他性的趋势。谋划农业重大科研设施必须同步考虑拟申请建设资金渠道，开展建设资金规模可能性分析，并按照对应要求开展有关前期工作。

三是协同工作导向。农业重大科研设施特性决定着项目谋划工作必须要发挥各类人员的协同作用，科研人员着力在提出建设需求和工艺方案；基建管理人员熟悉国家投资政策、精通基本建设程序，着力统筹建设需求与投资渠道；咨询单位熟悉咨询方法、精通材料组织。三方面人员协同推进，经过投资机会研究、可行性研究等阶段，将农业重大科研设施由条件建设需求转化为符合投资方向的重大建设项目，为国家有关主管部门决策提供支持。

2.1.3 科学分析

（1）功能定位与建设任务。功能定位是项目可行性研究的“灵魂”，清晰表述项目将承担的职能、发挥的作用以及在国家、行业中的地位，使有关投资主管部门了解项目建设的重大意义。功能定位明确了项目“是什么”，建设任务是对功能定位的任务细化，论述项目“做什么”，项目采用工艺技术路线（或技术方案）则是回答“怎么做”，三者一脉相承，相互间关系见图8。

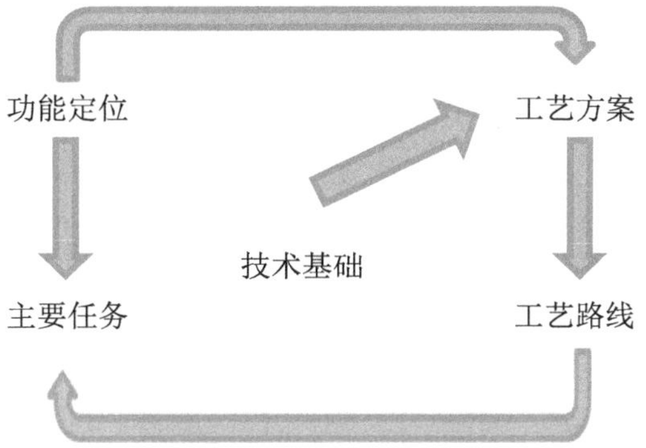

图8 功能定位与主要工艺技术路线的关系

此外，农业重大科研设施功能定位还应与项目建设单位的法定职责相一致，建设任务要契合国家赋予项目建设单位的职责，且应与有关发展建设规划相一致，具体包括国民经济发展规划、空间规划、用地规划、城市规划设计、条件建设规划等。

（2）资源整合与共享共用。在项目谋划中，必须要开展建设需求与存量资源对比分析。农业重大科研设施依据工艺技术路线（或技术方案）提出建设内容需求的同时，要清晰表述既有相关条件资源情况以及与已建成项目，特别是新近建设项目在功能设计、建设目标、工艺技术路线（或技术方案）、仪器设备配置等方面的联系与差异。农业重大科研设施是为科研需求而谋划建设，但不是所有科研工作都需要新建科研设施。

农业重大科研设施谋划应依据《国务院关于国家重大科研基础设施和大型科研仪器向社会开放的意见》《国家重大科研基础设施和大型科研仪器开放共享管理办法》《中央级新购大型科研仪器设备查重评议管理办法》等，分析能否通过共享共用方式满足建设需求，特别是涉及大型科研仪器设备购置的，需在一定区域内进行查重分析。对已有大型仪器设备，要分析是否可以共享使用，如果能够通过共享解决需求，则无须购置；如果无法通过共享完全满足需求，则要通过定性与定量分析，提出需要购置的数量；对于缺乏的大型仪器设备，则可依据需求分析直接提出购置数量。农业重大科研设施可行性研究中应分析共享共用方案，确实无法共享的，需详细阐述原因。

（3）主要建设内容与建设规模。依据功能定位和建设任务，并结合工艺技术路线（或技术方案），分析提出主要建设需求。此时，该需求还不是项目真实建设内容，需经对比存量条件资源以及共享共用分析以后，方可初步提出项目主要建设内容和规模。随后，按照国家相关建设标准经符合性验算，才能最终确定项目主要建设内容与规模。因此，农业重大科研设施主要建设内容与规模的确定首先取决于项目的功能定位，其次是工艺技术路线（或技术方案），最后经严密测算逻辑确定。

农业重大科研设施主要建设内容及建设规模测算过程见表2。

表2　建设规模测算流程

步骤	依据	指标意义	工作主体
提出需求	据实提出 （功能定位、技术方案）	需求总量	科研人员
↓			
明确已有	据实列示 （含公共资源）	存量资源	基建人员
↓			
计算需求	总需求与 现有存量	确定规模需求值	咨询人员
↓			
验证规模	建设标准	确定规模验证值	咨询人员
↓			
规模确定	规划条件	确定规模建设值	咨询人员

（4）建设条件与资金渠道。农业重大科研设施项目在研究确定主要建设内容和建设规模后，需开展相应建设条件研究。涉及征地的，应阐述拟征地地块条件情况和选址符合性，论述“为什么在这里建”，以及前置条件工作进展和取得行政审批文件情况，明确“可以在这里建”。涉及多个征地方案的，应通过比较分析得出最优选择。涉及建筑工程的，应落实建设用地、规划条件、节能审查与审批、社会稳定风险评估与审批。涉及大型仪器设备购置的，应落实实验空间、验证拟放置位置结构荷载，以及水、暖、电、气（含特殊气源）等配套条件。涉及市政工程的，应落实有关行政审批条件，如有关市政管道接口、供电方案。

此外，还要开展建设方案研究。建筑工程在明确建设布局的基础上，应说明各项建设内容的建设性质、结构形式、层高，提供总平面图、各层平面图并标示使用功能；仪器设备购置内容，应阐述功能用途和主要技术参数，需成套配置或系统集成的，还应明确主要配件名称及性能参数。没有详尽的建设方案，就没有精准的投资估算。项目投资估算应符合有关计费标准，并与项目建设方案相一致，同时考虑项目用地基础条件。

（5）列入规划与项目申报。《国务院关于投资体制改革的决定》提出“国务院有关部门要依据国民经济和社会发展中长期规划，编制农业等重要领域的发展建设规划，包括必要的专项发展建设规划。按照规定程序批准的发展建设规划是投资决策的重要依据”。农业重大科研设施要通过前期谋划争取列入国家有关发展建设规划，为后续申报打下基础。列入相关规划的过程，就是解决项目建设必要性和明确投资渠道的过程。

农业重大科研设施申报是项目建设单位将前期谋划成果按照要求报请国家有关部门评估、审批以及过程中所有沟通协调活动的统称。一方面，项目建设单位需了解申报程序和申报前置条件要求，积极做好前期准备，如通过全国投资项目在线审批监管平台取得项目编码，填报农业建设项目管理平台和国家重大项目库；开展项目能源利用情况分析，编制节能报告，依据相关文件要求办理节能审查意见。另一方面，做好项目评估和审批过程中跟进协调和沟通汇报，及时补充完善相关材料，推进项目评审工作顺利进行。

2.2 农业重大科研设施谋划路径

本书对我国农业行政主管部门（农业农村部以及机构改革前的农业部）审核报送国家发展改革委审批立项的22个农业重大科研设施进行分析（注：现状统计的24个农业重大科研设施中，模式动物表型与遗传研究设施、国家南繁作物表型研究设施是通过其他渠道立项建设），以建设资金渠道为横轴，项目谋划契机为纵轴，按照项目基本定位进行分类，见表3。需说明的是，农业重大科研设施谋划往往具有多个契机，如既有国家战略需要，也有前沿科技研究需求，为保证统计不重复，笔者按照“更加重要”契机进行了归类。

表3 农业重大科研设施分类分析

谋划契机＼资金渠道	国家重大科技基础设施规划	中央预算内部门自身能力建设	中央预算内行业专项建设
国家战略需求	中国农作物基因资源与基因改良重大科学工程	北方水稻研究中心	国家作物种质库 国家级海洋渔业生物种质资源库
科技前沿研究需求	国家农业生物安全科学中心 国家农业转基因生物安全评价与检定中心*	农业基因组学研究中心	国家农作物航天诱变技术改良中心 国家畜禽改良研究中心
重大公共平台	/	中国农业科学院农业图书馆 国家农业遥感应用与研究中心 中国热带农业科学院热带农业科技中心 农业部生物质工程中心和遥感中心	中国农业科学院农产品质量标准与检测中心 3 000吨级海洋渔业综合科学调查船（2艘） 南海区渔业资源与环境科学调查船
公共安全需求	/	/	国家动物疫病防控高级别生物安全实验室 国家口蹄疫参考实验室 国家兽医微生物中心 国家动物疫病预防控制中心 国家农产品质量安全追溯管理信息平台

注：国家农业转基因生物安全评价与检定中心由国家转基因专项资金支持，本文考虑资金来源，将其划入重大科技基础设施规划。

统计结果表明，不同谋划契机获得不同投资渠道支持方面具有差异性。

（1）国家重大科技基础设施规划重点支持国家战略需求和科技前沿研究需要，这也契合该规划重点支持突破科学前沿、解决经济社会发展和国家安全重大科技问题的定位。相对来说，该规划支持项目数量最少，但建成后发挥作用巨大，也颇具社会和行业影响力。

（2）中央预算内农业行业专项资金支持建设农业重大科研设施13个，占总数的59%，是最重要的建设资金渠道，且覆盖国家战略需求、科技前沿研究需要、重大公共平台以及公共安全需求4个方面谋划契机。特别是涉及公共安全类的农业重大科研设施建设资金，均是从农业行业专项资金中列支。

（3）中央预算内农业部门自身建设资金支持建设农业重大科研设施6个，占总数的27%，覆盖国家战略需求、科技前沿研究需要、重大公共平台3个方面的谋划契机。实践中，中央预算内农业部门自身建设资金往往是“托底”资金，国家重大科技基础设施规划以及中央预算内农业行业专项资金无法支持但亟待建设的农业重大科研设施往往由中央预算内农业部门自身建设资金支持建设。

结合农业重大科研设施分类，分析在不同谋划契机下利用不同资金渠道争取农业重大科研设施的可能性。

争取可能性分析（%）=对应农业重大科研设施数/农业重大科研设施总数×100（22个），统计结果如表4。

表4　农业重大科研设施争取可能性分析　　单位：%

资金渠道 / 概率 / 谋划契机	国家重大科技基础设施规划	中央预算内部门自身能力建设	中央预算内行业专项建设
国家战略发展需求	4.5	4.5	9.1
基础研究迫切需求	9.1	4.5	9.1
重大公共平台需求	0	18.18	18.18
突发公共安全需求	0	0	22.73

由此看出，基于不同谋划契机争取不同渠道的资金建设农业重大科研设施的概率是有显著差异的。因此，项目建设单位应结合农业重大科研设施的谋划契机，将项目谋划与建设资金渠道关联考虑，优化项目谋划方向，提高谋划成功率。

农业重大科研设施按照谋划契机、建设投资渠道进行组合，形成3种不同类型的谋划路径。

路径1：国家重大战略+科技前沿研究+国家重大科技基础设施规划资金

对于符合国家重大战略，且在探索农业未知世界、发现农业自然规律、实现农业技术变革方面发挥决定性作用的农业重大科研设施建设需求，应积极加强项目谋划，争取列入国家重大科技基础设施规划，并从战略研究、列入规划、推进建设和功能提升等多维度分层次推进。国家重大科技基础设施具有6个基本属性：国家使命属性、科研与工程双重属性、以技术攻关或自主研制实现的属性、子系统之间有机联系不可分割属性、具有较长技术寿命属性、可以高度开放共享属性。总体来说，国家重大科技基础设施层次高、谋划难度大，但项目建设和运行意义重大，有利于推动相关学科前沿探索和国家重大科技任务开展，有助于解决关乎国计民生和国家安全的重大问题，有可能带动一批高新技术发展、促进产业技术水平提高、凝聚和培养一批国内外顶尖科学家和研究团队，以及高水平工程技术和管理人才。此外，还可以极大地增强我国深化农业科技国际合作交流深度和提高民族自信心。

路径2：行业发展急需+中央预算内行业专项建设资金

中央预算内农业行业建设资金着力解决农业行业发展亟须的条件需求，是当前农业基本建设主要资金投向，体现在不同行业建设规划或行业建设方案中，如现代种业提升工程、动植物保护能力提升工程、农业科技创新能力提升工程、农村人居环境整治建设工程、渔港建设工程。农业行业重大科研设施，需在规划战略研究与编写论证阶段充分沟通行业主管部门，力争将建设需求纳入规划；需在规划实施阶段紧紧围绕规划定位与规划要求，抓好项目谋划，及时组织申报。农业行业建设资金使用具有排他性，仅用于支撑对应行业条件建设，客观上造成不同行业建设投资支持力度差异大，例如，农产品质量安全检验检测体系，通过“十一五”“十二五”两期规划建设，累计投入中央投资达百亿元，与此同时，栽培、生态、加工、装备等行业投资相对较少。行业发展项目急需发挥行业科学家，特别是行业战略科学家智慧，协助行业主管部门创设行业建设政策、配合行业主管部门编写行业建设规划、参与行业建设规划论证、积极谋划行业重大科研设施。

路径3：自身能力建设需求（含当前缺乏专项规划支持的行业建设需求）+中央预算内部门自身能力建设规划资金

中央预算内部门自身能力建设资金主要用于部门自身的建设。同时，由于其“托底”资金特点，对无法纳入国家重大科技基础设施建设规划和行业建设规划的投资需求，往往也是通过部门自身能力建设资金解决。然而，多年来中央预算内部门自身建设资金规模相对稳定。随着物价上涨、自身能力建设需求增多，资金规模不足的问题越发凸显，中央预算内部门自身能力建设项目争取难度进一步加大，特别是农业重大科研设施的争取更加艰难。

2.3 农业重大科研设施申报关键点

高质量、高效率地推进农业重大科研设施的申报，着力要抓好以下几个关键。

2.3.1 选好咨询单位

2017年12月，国家发展改革委印发《工程咨询行业管理办法》，将工程咨询单位由资质管理改为告知性备案管理，推进工程咨询单位资信管理体系建设并组织开展资信评价，要求工程咨询单位应具备良好信誉和相应能力。《工程咨询行业管理办法》的实施为项目建设单位委托咨询和政府部门监督监管提供了制度依据。

工程咨询是一个高度的智力集中型行业，其人力资源配置情况决定着工程咨询成果质量。农业重大科研设施复杂性、前瞻性的特点，要求工程咨询单位必须具有良好的技术基础、人才构成、组织和推进能力，特别是工程咨询核心技术力量咨询工程师（投资）要具有良好的咨询能力和经验。选择一家优秀的工程咨询机构对于成功谋划一个农业重大科研设施将起到事半功倍的效果。

2.3.2 落实好前置条件

按照国家发展改革委《限额以上政府投资中央本级农业项目审批办事指南》以及有关文件要求，项目建设单位报送农业重大科研设施可行性研究报告时，必须提供以下前置条件。

一是以划拨方式提供国有土地使用权的，提供城乡规划行政主管部门核发的选址意见书，具体参考《中华人民共和国城乡规划法》等法律文件。

二是国土资源部门出具的用地预审意见。不涉及新增用地，在已批准的建设用地范围内进行改扩建项目，可以不进行用地预审，具体参考《中华人民共和国土地管理法》《中华人民共和国土地管理法实施条例》《建设项目用地预审管理办法》《建设用地审查报批管理办法》《国土资源部关于改进和优化建设项目用地预审和用地审查的通知》《自然资源部农业农村部关于设施农业用地管理有关问题的通知》等法律法规文件。

三是地方节能审查机关出具的节能审查意见。根据国家或地方相关规定不需要进行节能审查的项目，项目建设单位应出具说明，列明项目年综合能源消费量、年电力消费量及不需要进行节能审查所依据的文件条款并加盖公章，具体参考《固定资产投资项目节能审查办法》《不单独进行节能审查的行业目录》等文件。

四是项目所在地人民政府或其有关部门认定的《项目社会稳定风险评估报告》及项目所在省级发展改革部门对项目社会稳定风险评估的意见，具体参考《关于印发国家发展改革委重大固定资产投资项目社会稳定风险评估暂行办法的通知》《国家发展改革委办公厅关于印发重大固定资产投资项目社会稳定风险分析篇章和评估报告编制大纲（试行）的通知》等有关文件。

五是项目市政配套设施条件，具体结合项目情况衔接相应行政主管部门，取得相关意见。

六是项目招标内容，具体参考《中华人民共和国招标投标法》《中华人民共和国招标投标法实施条例》《必须招标的工程项目规定》等法律法规文件。

2.3.3 夯实工作基础

包括必要性与紧迫性、建设条件、功能定位与建设任务、技术基础和工艺方案等，具体包括以下几方面主要内容。

一是国家战略、发展规划和产业政策。项目建设单位及工程咨询单位需熟悉国家重大战略、农业现代化建设目标与方向、农业科技发展趋势与条件建设需求，自动对标对表世界科技前沿、国家重大需求以及国民经济建设主战场。

二是建设选址。项目建设单位需充分考虑项目建设地是否位于主产区；是否符合特殊选址条件要求，如防疫类项目有关规定；是否取得有关行政审批，如土地、规划及其他必要条件；是否具备稳定建设条件和必要运行条件，如水源情况；是否有地方政府支持，能否实现项目建设单位与地方政府的“双赢”。

三是功能定位。农业重大科研设施建设必须立足国家和行业需要，站在科技引领发展的高度，研究确定项目功能定位和建设任务。具体来说，项目功能定位应与项目建设单位法定职责相一致，与项目用地规划和建设规划相一致，与项目主要建设任务和采用技术方案相一致，要反映项目建设必要性。

四是工艺路线。项目工艺技术路线是实现项目功能定位和建设目标，谋划项目主要建设内容和规模的“经络”和“骨架”。项目建设单位要以功能定位和建设目标为导向，开展技术方案比选，保证工艺技术路线先进性和前瞻性，确保项目建成后能够实现引领发展的目标。

五是相关科研基础。具体包括项目建设单位现有技术基础、平台基础、人才储备、成果基础以及设施条件等内容。

2.3.4　抓好项目论证

农业重大科研设施完成可行性研究后，需经过系列论证，不断完善材料，提高论述逻辑性和缜密性。一般意义上，至少经过三轮论证。

一是项目编写组的内部论证，主要任务是复核项目逻辑性、结构合理性、表述准确性以及内容完整性，进一步梳理咨询报告各章节内容，为后续提交咨询成果做好准备。

二是项目建设单位的内部论证，具体参加人员包括项目建设单位主要领导、学术委员会主要人员、主要使用部门人员、相关职能部门人员以及项目编写组人员，核心是进一步确认项目基本定位、功能需求、建设选址、建设规模、运行维护等核心内容，达到内部统一认识的目的。

三是召开以外部知名专家为主的论证会，主要是站在国家层面和全行业高度研讨项目建设必要性、紧迫性，论证项目战略定位科学性、工艺技术路线以及建设方案先进性、建设内容全面性、建设规模和投资规模合理性。

案例　国家畜禽改良研究中心谋划咨询与评审协调

2005年，中国农业科学院北京畜牧兽医研究所专门成立国家畜禽改良中心筹备组，并选择中投咨询有限公司作为咨询单位开展项目可行性研究。

中投咨询有限公司（China National Investment Consulting Co.，Ltd.）是由国家开发投资公司和中国投资协会共同出资设立，是国家发展改革委认定的可承担国家委托咨询评估任务的46家咨询机构之一。该公司与国家宏观经济主管部门及有关部委保持着密切联系。公司超过60%的员工具有硕士及以上学位，70%具有中高级专业技术职称，大多从事过多年宏观经济管理、国家重大项目规划和投资项目管理等工作，有丰富的实际工作经历；同时，还有来自研究机构、规划设计院所等从事经济、技术和工程方面专家组成的咨询专家团队。该公司业务涵盖投资政策、区域发展规划、行业发展规划、企业发展规划和其他发展规划咨询；编制和评估项目建议书、可行性研究、项目和资金申请报告，项目初步设计方案评审及项目后评价等业务。

国家畜禽改良中心筹备组与主要咨询公司发挥各自优势，通力协作。筹备组安排专人办理前置条件——规划意见书，安排科学家利用专业优势，搜集、分析国内外形势，为论述项目建设必要性和可行性提供充足依据，提出成熟工艺技术路线，调研仪器设备市场供应情况。咨询公司在总结分析的基础上比选建设方案，进行投资估算，编制项目可行性研究报告。2007年5月，国家畜禽改良中心可行性研究报告经多次修改完善后报送中国农业科学院、农业部以及国家发展改革委。2007年年底，国家发展改革委评审中心成立评审组，前后用时10个月举行了数次论证，并进行了2次现场考察。针对评审组提出的问题，中国农业科学院先后6次汇报项目功能定位、建设目标、建设规模测算等情况，及时提交了补充材料。2008年10月，国家发展改革委评审中心形成评审意见。2008年11月，国家发展改革委农村经济司收到投资司会签文件，要求进一步细化建设目标和优化建设内容，合理确定投资规模。中国农业科学院经过认真研究，于2008年12月到国家发展改革委进行专门汇报，并提交了“关于国家畜禽改良中心项目可行性研究报告的补充说明”，详细汇报项目背景、建设目标和主要任务细化方案，重点说明项目定位和目标。2009年4月，国家发展改革委农村经济司就项目名称提出异议。中国农业科学院立即补充了“关于国家畜禽改良中心相关情况的说明”，阐述了国家畜禽改良中心功能和将要承担的主要技术研发工作，以及畜禽改良分中心的主要任务。2009年6月，农业部向国家发展改革委提交“中国农业科学院北京畜牧兽医研究所畜禽遗传育种研究情况”的材料，认为中国农业科学院北京畜牧兽医研究所是国家畜禽改良中心最合适承担单位。2009年9月，农业部递交“农业部关于报送国家畜禽改良中心项目有关情况说明的函”，恳请国家发展改革委予以大力支持，并提出为使项目名称和研究内容更加贴切，建议将项目名称由“国家畜禽改良中心”变更为“国家畜禽改良研究中心”。2010年3月，国家发展改革委批复国家畜禽改良研究中心项目可行性研究报告。

2.4　农业重大科研设施申报主要环节

农业重大科研设施申报一般包括项目建议书（初步可行性研究报告）和可行性研究报告两个阶段。对于列入国家有关规划内的项目，如果前置条件已经具备，可直接申请项目可行性研究报告。反之，则需开展项目初步可行性研究。

2.4.1　项目建议书（初步可行性研究报告）

项目建设单位根据国民经济和社会发展规划、行业发展规划和项目建设所在区域城镇规划要求，结合发展需要，经调查、预测、分析，提出项目建设的建议，编制项目建议书。项目建议书一般包括项目建设必要性和依据、工艺技术路线、拟建规模和建设地点设想、建设条件分析、投资估算和建设资金来源、效益分析等内容，主要考察项目建设必要性和可行性，拟建项目有关资源条件等。

农业重大科研设施项目建议书报经行业主管部门初审后报送国家发展改革委。国家发展改革委从产业布局、资源配置、建设规模、资金安排等角度进行综合平衡，委托工程咨询机构评审通过后按程序审批立项。

TIPS　农业重大科研设施项目建议书编写提纲

（1）项目概况。项目名称，建设主管单位、建设单位及负责人，拟建项目地点，编制依据。

（2）项目背景与必要性。项目背景、建设必要性、国家政策、行业导向、建设单位优势分析等。

（3）项目功能定位与建设目标。

（4）项目技术方案与建设规模。

（5）项目选址分析。

（6）项目建设方案。

（7）项目组织管理与运行管理。

（8）项目建设周期和进度安排。

（9）项目投资估算及资金筹措。

（10）项目效益分析。

2.4.2 可行性研究报告

项目建议书经批准后（或具备条件直接申报可行性研究报告），项目建设单位择优选择工程咨询单位，对拟建项目可行性、目标科学性、方案合理性、内容全面性、经济可行性，投资可能性、招标方案、建设成效以及项目所在地的土地、规划、环境评价、节能分析、社会稳定性评估等落实情况进行全面分析论证，编制项目可行性研究报告，主要包括建设项目背景、必要性和可行性，项目建设单位基本情况，项目功能定位、建设任务和建设目标，主要工艺技术路线和建设规模，项目选址分析、项目建设方案、环境评价、节能评价、社会稳定性评估、投资估算与资金筹措、招标方案、运行机制和组织管理、效益分析、共享方案等内容。农业重大科研设施项目建议书报经行业主管部门初审后报送国家发展改革委。国家发展改革委委托工程咨询机构评审通过后按程序进行决策审批。

TIPS　农业重大科研设施可行性研究报告编写提纲

（1）总论。项目背景、项目名称、建设单位概况、编制依据、拟建地点、建设规模与目标、投资规模及资金来源、主要经济指标、效益分析、问题和建议等。

（2）项目背景、建设必要性和可行性分析。

（3）项目建设单位基本情况。

（4）功能定位、目标任务及需求分析。

（5）科研技术路线与建设规模。

（6）项目建设选址与规划分析。

（7）项目建设内容及建设方案。

（8）环境影响分析、社会稳定性评估以及资源节约。

（9）项目组织管理、劳动定员及培训。

（10）建设期限和实施进度安排。

（11）项目投资估算与资金筹措。

（12）项目效益分析。

（13）项目招标方案。

（14）项目共享方案。

（15）结论与建议。

（16）附件、附图、附表。

2.5 农业重大科研设施谋划申报中常见问题及对策

农业重大科研设施谋划申报质量决定着项目落地速度和建设效率。实践中，往往存在以下几个常见问题。

一是项目名称不聚焦，名称过大或覆盖面太广，可能在国家层面与其他单位存在着职能交叉。中国农业科学院北京畜牧兽医研究所最初申报国家畜禽改良研究中心时，项目名称为“国家畜禽改良中心”，这个项目名称带有生产性特点，与项目建设单位职能不相符合。在项目审批过程中，国家有关部门对此提出异议，几经周折才变更为“国家畜禽改良研究中心”，影响了项目审批进度。

二是项目不具有重大意义或重大意义表述不充分。农业重大科研设施除规模相对较大外，重点在于意义重大，对于国家农业科技进步、产业核心竞争力提升、农业高层次人才培养和农业重大科技成果培育起到关键支撑与保障作用。此外，项目沟通汇报不充分，行业主管部门、投资主管部门不熟悉甚至不了解项目建设重大意义和项目建设必要性，往往会大幅拖延项目审批进程。

三是项目组织谋划力度不够，包括项目组织能力不强，如项目建设单位主要领导重视程度不高；项目具体谋划人员视野狭窄，推进能力和力度不够；项目建设单位内部以及与外部（含工程咨询单位）配合不顺畅；对项目申报程序和申报要求不了解；项目策划水平不高，如项目先进性不高，前瞻性不强，前置条件落实不到位，规模测算不精准、项目贪大贪全，过于追求技术指标先进而忽略投资可能性和建设可行性等。

四是项目评估审批过程中受主客观因素影响，进度拖延，甚至错过战略机遇期。主要包括：项目本身沟通协调不充分，评审材料补充不及时，相关方面工作配合不积极；非项目本身因素影响，如项目建设单位主要领导思路不确定或主要领导更换导致工作思路变化，社会、科技、产业发展战略等宏观环境发生重大变化，项目建设地所在城市发展定位发生重大变化，项目建设单位自身发展战略摇摆不定，以及项目审批部门其他因素考虑等。

案例 国家作物种质库谋划申报问题梳理

（1）受北京市城市发展功能定位影响，项目建议书批复后先后四次申请，用时近3年才取得项目规划条件，可行性研究报告批复后又用时超过3年才取得初步设计及概算批复。

（2）项目建议书阶段，项目建设单位出于项目使用安全考虑未设置人防工程。但在项目可行性研究阶段，人防部门要求必须增加地下人防工程。同时，增加地下给水加压泵房、消防控制室、消防水池、物资库等设备用房。

（3）项目建议书阶段，未考虑能源评估问题。2010年9月《固定资产投资项目节能评估和审查暂行办法》印发实施，要求项目可行性研究阶段增加能源评估，且节能建筑必须达到国家标准（GB/T 50668—2011）2级节能建筑水平。

（4）项目建议书、可行性研究报告、初步设计及概算相隔时间较长，期间人工费、材料费涨价较多。

（5）项目建议书编制时建筑寿命整体按50年考虑。专家评审时根据项目实际情况建议提高建筑寿命，可研报告编制时按要求将部分单体建筑寿命提高到100年。

（6）项目建议书阶段抗震设防类别为丙类，结构安全等级为二级；可行性研究报告阶段根据专家意见，将建筑单体部分抗震设防类别调整为甲类，结构安全等级调整为一级，单体部分层高为13.5米。设计标准大幅提高导致结构单方造价增加较多。

（7）可行性研究报告编制时外接电源论证不足，供电环境发生变化，导致初步设计时产生供电增容，供电方案发生变更，造价大幅增加。

针对农业重大科研设施谋划申报中的常见问题，为提高谋划质量和申报效率，要重点抓好以下工作。

一是上下同心，协同推进谋划申报工作。项目建设单位要明确工作思路，采取有效工作举措，主要领导应高度重视，及时选拔能力强、水平高、视野开阔的人员参与项目推进工作，选择高水平工程咨询单位，以坚韧不拔的战略定力和锲而不舍的工作韧劲，久久为功，合力推进农业重大科研设施谋划申报工作。

二是明确需求，准确描述功能定位。项目建设单位要在分析基础上，清晰表述农业重大科研设施建设短板，结合国家战略、产业政策和国际农业科技前沿研究，确定项目功能定位和建设目标，同步推进项目建设可行性和投资筹措可能性研究。

三是清晰分工，组建强有力的工作推进专班。以制度形式明确职责，建立横向由科研、基建、财务等职能部门组成的，纵向由专班成员明确分工职责的责任矩阵，确保工作不推诿、不扯皮、不等不靠。

四是重视造势，积极传递建设需求。第一，项目建设单位主要领导积极汇报沟通，争取上级部门主要领导的工作支持；第二，相关领域科学家要通过高层次学术交流造势、通过行业建议制造机遇、通过专家谏言争取高层领导的支持；第三，项目工作专班要抓实工作、及时跟进推动项目谋划申报。

五是熟悉要求，编制高质量申报文本。项目推进专班要准确了解项目申报要求，组织编制高质量的申报文本；要加强项目评审中的综合协调，及时补充完善材料，抢占工作先机，争取项目早日落地。

3 农业重大科研设施设计与实施

建设工程设计是根据建设工程要求，对建设工程所需的技术、经济、资源、环境等条件进行综合分析、论证，编制建设工程设计文件的活动。建设工程实施包括采购、施工准备以及施工等阶段，是按照基本建设程序依法依规完成项目批复建设内容的活动。

农业重大科研设施设计需在满足建设项目所在地规划、环保、节能、人防、园林绿化等行政批准意见的前提下，依据批复功能定位、建设内容及规模系统开展；农业重大科研设施的实施一般要经历几年时间，需要系统、规范、高效的组织管理才能完成。农业重大科研设施的设计与实施是有序衔接的，项目设计要求技术数据和技术文件全面、完整，能够指导项目实施工作；同时，通过现场施工检验设计合理性，发现设计误差和疏漏，从而进一步完善设计方案。

3.1 农业重大科研设施设计

与其他基本建设项目设计一样，农业重大科研设施设计一般包括方案设计、初步设计和施工图设计3个阶段。方案设计对有土建工程的重大科研设施来说，是非常重要的一个阶段，是对项目建设内容进行整体布局和建筑形态设计的过程，对设计单位水平、经验、灵感和想象力方面有着较高要求。初步设计是对方案设计的深化，深度要满足初步设计审批需要。施工图设计主要通过图纸，把设计单位意图和设计结果表达出来，提供给施工单位作为施工依据，是设计和施工工作的桥梁，施工图设计深度要满足设备材料采购、非标准设备制作和施工的需要。

3.1.1 方案设计

方案设计是设计工作的起点。农业重大科研设施可行性研究报告批复后，项目建设单位委托有相应资质的设计单位组织开展方案设计。设计人员通过设计创新活动，有机融合项目建设需求和设计理念，将建设设想转化为具体建筑形象。方案设计主要包括方案设计说明书、总平面图、建筑平立剖面图、透视图、鸟瞰图等，部分地理位置敏感或复杂程度较高的工程，还需制作三维模型图。

（1）方案设计说明书，包括设计依据、设计要求、主要经济技术指标、总平面设计说明和建筑、结构、电气、给排水、暖通空调、热能动力等设计说明，以及投资估算文件。

设计依据需列出与建设项目有关的文件名称和文号，设计采用的主要法规和标准，当地气象、地形地貌、水文地质、抗震设防烈度、区域位置等设计基础资料。需注意的是，设计依据应逐条列明，不应随意堆砌。

设计要求主要阐明建设单位委托设计内容、范围、规模和设计标准，以及项目所在地人民政府有关主管部门对项目设计的其他要求。

主要经济技术指标多以表格形式列示，包括总用地面积、总建筑面积、各分项建筑面积（地上和地下部分）、建筑基底总面积、绿地总面积、绿化率、容积率、建筑密度、停车泊位数、建筑层数、建筑高度等。

总平面设计说明主要包括场地区位、用地现状和周边环境情况及地质地貌特征，详尽阐述总体方案构思意图和布局特点，在竖向设计、交通组织、防火设计、景观绿化、环境保护等方面采取的具体措施。

建筑设计说明主要阐述平面和竖向构成、功能布局和内部交通组织、建筑防火设计、无障碍设计、建筑节能等内容。其他各专业设计说明分别概述各专业设计内容。

方案设计阶段，若有其他特殊要求，如需采用绿色建筑要求设计或按装配式建筑要求设计时，需另外补充绿色建筑或装配式建筑设计说明。

（2）设计图纸。总平面设计图包括场地区域位置、场地范围、场地内及四邻关系的反映、场地内拟建道路、停车场、广场、绿地及建筑物的布置，拟建主要建筑物名称、出入口位置、层数，建筑高度、设计标高以及主要道路、广场的控制标高，指北针或风玫瑰图、图纸比例。根据需要，绘制反映功能分区、空间组合及景观分析、交通分析、消防分析、地形分析、日照分析等特性的分析图。

建筑设计图纸包括建筑的平面图、立面图、剖面图和效果图四项内容。建筑平面图主要体现设计功能，通过平面布局合理规划各功能区，满足项目功能和用途。需要在平面图中标明平面总尺寸、开间、进深尺寸以及结构受力体系中柱网、承重墙位置和尺寸等，合理进行功能布局，确保所设计建筑方案具有可操作性。建筑平面图中需标明各楼层地面标高和屋面标高，如有地下停车场，需要合理规划停车位和行车路线。复杂房间还应根据需要，绘制放大平面详图和室内布置图。立面图应体现建筑造型特点，对有代表性的特殊区域应重点绘制，并标明主要部位和最高点标高、主体建筑总高度。周边环境复杂时还应绘制与相邻建筑物或原有建筑的局部立面图，以反映相对关系。剖面图应优先选择高度和层数不同、空间关系比较复杂的部位，标注各层标高及室外地面标高、建筑的总高度，有高度控制时应标明最高点标高。建筑效果图是指将尚未构建建筑物通过设计人员的笔或借助软件等工具，直观形象地展示建筑物建成后的效果。通过效果图的渲染和呈现，有利于高效表达设计思路和创意，也便于建设单位和设计单位沟通。

TIPS　方案设计

是设计人员创造性思维活动的体现，可分为方案设计前准备阶段、方案设计决策阶段。

方案设计前准备阶段：应了解设计背景及制约条件，研究设计任务书，收集建设项目所在地必要的气象、水文、地质等资料，特殊地理位置的项目还应注意收集有关资料，如文物保护、历史沿革等。

方案设计决策阶段：考察设计方案优劣，主要考虑项目定位是否契合决策要求，功能设置是否符合项目需求，设计指标是否满足制约因素，设计方案是否适用、经济、美观等。

新建院、所区整体设计方案，以及院、所区重要单体建筑设计方案设计完成后，应及时与地方规划部门沟通，征求意见。

3.1.2　初步设计

初步设计是对建设工程技术和经济的分析和细化。方案设计获得批准或建设单位认可后，项目设计单位受建设单位委托，组织开展初步设计。初步设计主要包括初步设计说明书、初步设计图纸和初步设计概算书，作为农业工程建设项目还应根据项目特点提供农机具和仪器设备清单等。建设项目中的一般建筑工程设计质量、内容和深度要符合《建筑工程设计文件编制深度规定》要求。农业重大科研设施初步设计由行业主管部门审核同意后，报国家发展改革委审批。国家发展改革委批复核定的投资概算，是农业重大科研设施投资控制的依据；经批准的建设内容和规模不得擅自调整。因不可抗力因素造成建设投资超出批复概算时，应上报原批准部门申请追加资金。

（1）初步设计说明书，由总说明、总图设计说明、工艺设计说明、农业建筑工程设计说明、农业田间工程设计说明、农机具和仪器设备选型说明等部分组成。

总说明一般需列明项目概况、设计依据、设计指导思想、建设规模和设计范围、综合技术经济指标、初步设计审批以及开展下一步工作需要解决的问题、项目变更情况等。初步设计较可行性研究报告批复文件，存在变更建设地点、建设性质、建设单位、建设期限、招标方案，或变更建设内容、建设标准、建设规模等情况导致项目主要使用（服务）功能发生变化，或初步设计概算总投资超过立项批复总投资10%（含）以上，应按照有关规定报请原批准部门同意。

总图设计说明一般需列明设计依据及基础资料、项目区（场区）概述、总平面布置、竖向设计、交通组织等。

工艺设计说明一般包括总体工艺设计说明和单项工程工艺设计说明。总体工艺设计说明主要描述项目中各个单项工程、单位工程之间的关系、各个生产环节之间的工艺流程，或项目中各体系之间工艺关系。单项工程工艺设计说明主要描述在满足建设项目总体工艺要求条件下，单项工程内部主要工艺设计内容。工艺设计说明一般需列明工艺设计的主要依据、主要原则、种植或畜禽相关工艺、农产品加工车间工艺、实验室工艺等。其中，实验室工艺设计说明需明确实验室类型，描述工艺流程和工艺布置，明确实验室卫生防疫和环境保护等要求。

农业建筑工程设计说明一般包括建筑、结构、电气、给水排水、采暖通风与空气调节、热能动力、节水、节能和环保等专业设计说明。各专业设计说明在阐明设计依据和工程概况的基础上，针对专业特点详细说明，深度满足《建筑工程设计文件编制深度规定》。其中，建筑专业应注意无障碍设计、人防设计以及有特殊要求的单项工程、单位工程等设计说明是否完整，按绿色建筑要求或按装配式建筑要求设计时，应注意描述项目特点、做法、技术措施等相关内容；结构专业应注意依据工程地质勘查报告或可靠的地质参考资料设计，并配合建设项目评审需要提供结构计算书；电气专业应注意对农业重大科研设施中仪器设备用电负荷的准确计算，确定市政供电电源条件及供电接入方案，合理设计备用电源和应急电源，还应结合项目特点推动工程智能化设计；给排水专业和暖通空调专业应注意结合项目特点，合理设计实验室给排水系统、通风系统，确保设计功能满足农业项目实验使用。根据项目报建需要，设计说明中应包含消防、人防、环境保护、劳动保护等专篇设计。

TIPS　农业重大科研设施建筑设计说明

除对常规单体建筑各专业进行说明外，农业项目中还应包括温室、网室、畜禽水产养殖舍以及辅助性建筑或设施的说明，特别是具有特殊研究功能的建筑或设施，如模拟气候类型的温室、集中连片防鸟网室等，应详细设计，并详尽说明相关内容。

农业田间工程设计说明一般包括田间工程设计原则和标准，根据使用功能描述田间工程组成、生产用地配置、土地使用分区和占用面积，描述土地整治、道路桥涵、田间灌溉、排水沟渠、田间电气、防护林网、围栏等内容。

农机具和仪器设备选型应根据建设项目可行性研究报告和批准文件中的有关内容进行设计深化，遵循经济、先进、适用、安全、可靠、节能、环保等原则，确定工艺流程和工艺参数，作为选型的主要依据。

（2）初步设计图纸，由图纸目录、农业建筑工程设计图、农业田间工程设计图组成。

农业建筑工程设计图一般包括总平面图、竖向布置图、单体建筑平立剖图，以及结构、电气、给水排水、暖通空调等各专业布置图或系统原理图。农业项目还应绘制工艺流程图。农业建筑工程设计图绘制应在满足《建筑工程设计文件编制深度规定》的基础上，注意根据农业项目特点绘制工艺流程图，工艺流程图中应按照设备总图绘制设备之间的工艺管道、设备之间的关系，图中设备应编号并与初步设计中设备清单编号一致；有特殊要求的实验建筑（如生物安全级别实验室）应根据工艺要求绘制人员流动线路图、实验动物或物资流动线路图、洁净度要求分布图、压力梯度分布图等。项目中需购置安装实验台和通风橱等实验设施的，需要绘制平面和立面布置图。

农业田间工程设计图一般包括区域位置图、田间工程总平面图、田间工程竖向布置图和典型建筑物平立剖图，有供水、供电、采暖等内容，还应补充对应专业的布置图或系统原理图。农业田间工程设计图绘制应注意区域位置图，要求绘制在（1∶50 000）~（1∶5 000）的行政区划图上，根据工程规模具体情况与总平面图合并绘制，标明用地范围周边的地形地貌、村庄分布等情况；田间工程总平面图根据用地规模采用适当比例的地形图，清晰标注田间工程设计内容。

（3）初步设计概算书，是初步设计文件的重要组成部分，必须完整反映项目建设范围内从筹建到竣工交付使用所需的全部费用。经审批的初步设计概算是项目投资控制的依据。农业建设项目初步设计概算依据项目立项批复、初步设计说明、图纸及农机具和设备清单，结合当地现行建筑安装工程概算定额或综合预算定额、造价信息等编制，主要包括农业建安工程费、田间工程费、农机具和仪器设备购置费、工程建设其他费及预备费等。项目概算按照所辖单项工程、单位工程计算汇总。一般情况下，建设项目总概算表由工程费用、工程建设其他费和预备费构成，其中，工程费用由各单项工程综合概算汇总而成；工程建设其他费用应包含建设用地费（征地费）、建设管理费、勘察设计费、工程监理费、招标代理服务费、市政公用设施费（基础设施配套费）、前期工作咨询费、环境影响评价费等；预备费包括基本预备费和涨价预备费，一般情况下仅计取基本预备费。

TIPS　初步设计概算

初步设计概算编制时应注意以下因素。

（1）编制依据文件是否为现行文件。

（2）编制依据文件是否选取项目建设所在地最新概算定额（或预算定额、综合预算定额）。

（3）编制内容是否全面、详细，是否对应建设项目中各单项工程、单位工程，并按专业进行编制，应尽量避免漏项、错项。

（4）建设项目中信息化、智能化等系统是否细化。

（5）工程建设其他费是否全面。

项目建设单位审查概算时，应注意重点查看工程量大或单位造价高的子项。

（4）农机具和仪器设备清单，需列明设备型号、名称、单位、数量、能耗、规格和主要性能参数等，相应投资需列入概算。

3.1.3 施工图设计

施工图设计是以施工图说明及图纸为媒介，将设计意图和设计结果明确表达并指导施工活动，是设计和施工之间的桥梁。初步设计获得批准后，项目设计单位受建设单位委托，组织施工图设计。施工图设计主要包括合同要求所涉及的所有专业的设计图纸（含图纸目录、说明和必要的设备、材料表）以及图纸总封面；涉及建筑节能设计或装配式建筑设计的专业，应有对应的专项设计内容；合同要求的工程预算书以及各专业计算书。施工图设计完成后，应抓紧完成施工图审查，委托专业单位开展工程量清单编制以及施工招标等工作，为推动项目实施做好准备。

（1）施工图纸，主要包括总平面、建筑、结构、电气、给水排水、供暖通风与空气调节、热能动力等专业设计图。总平面应清晰绘制道路红线、建筑控制线、用地红线等，注明保留的地形和地物，以及建筑物、构筑物位置，其中，构筑物包括人防工程、地下车库、油库、贮水池等隐蔽工程，以虚线表示；应绘制土石方图，注明坐标或尺寸，以便计算工程土方工程量；应绘制管道综合图，注明保留、新建的管线（管沟）、检查井、化粪池等平面位置，标注接入点与管线走向；应绘制道路横断面、路面结构、挡土墙、护坡、排水沟等详图。各专业施工图应包括图纸目录、设计说明、设计图纸、主要设备表、计算书等，符合《建筑工程设计文件编制深度规定》深度要求。

建筑幕墙、基坑与边坡工程、建筑智能化、预制混凝土构件加工等应参照《建筑工程设计文件编制深度规定》进行专项设计。

（2）工程预算书，一般包括封面、签署页（扉页）、目录、编制说明、建设项目总预算表、单项工程综合预算表、单位工程预算书。工程预算书编制依据中应包括设计图纸及批准的工程概算、当地和主管部门现行预算定额（或综合预算定额）以及当地现行建设工程价格信息等。

（3）专业计算书，应按照《建筑工程设计文件编制深度规定》条款要求编制并归档保存，其中，结构计算书、建筑及暖通专业节能计算书属于须交付的设计文件，用于施工图审查。

TIPS　施工图设计

施工图设计文件编制中应注意以下问题。

（1）设计成果是否经设计单位内部各专业磋商，各专业设计成果汇总后是否匹配。

（2）专业设计是否进行了深化或在施工图中加以标识，提醒建设单位注意二次设计，如钢结构设计、幕墙设计、精装修设计、智能化系统等。

（3）大样图、详图是否准确、齐全。

（4）引用图集的设计内容是否准确、是否符合建设单位使用要求。

（5）检查影响外观和使用的选材，如外立面、内装修材料等在说明、施工图及工程量清单内描述是否一致。

案例　中国农作物基因资源与基因改良重大科学工程设计

中国农作物基因资源与基因改良重大科学工程于2000年取得可行性研究报告批复，主要建设内容为新建科研楼、科研温室及温室工作间。随后，中国农业科学院会同项目建设单位作物科学研究所积极推动设计工作开展，邀请了6家综合实力较强的设计单位参与设计方案投标，组织了由清华大学、中国建筑设计研究院等单位专家组成的评审组，对设计方案进行盲评，评审结果为中国电子工程设计院设计方案最优，委托其开展项目科研楼及温室工作间设计。同时，考虑到科研温室农业设施的特殊性，经考察与调研，委托农业部北京设计院开展温室设计。

中国农作物基因资源与基因改良重大科学工程设计思想为科研楼建筑风格突出，力求造型美观，布局合理，设施先进，使用方便，并与现代化温室实现有机连接和呼应，体现高科技形象；实验室设计满足科研需要，有利于国内外交流，有利于面向全国服务，有利于现代化管理；仪器设备配置重点考虑自动化，突出性能、精度和特殊用途，充分考虑兼容性，规模上不追求与国外先进实验室看齐，但在技术参数和型号上要达到国际先进水平，以适应国际基因组学研究大规模、集约化、高精度的发展趋势。

在此设计思想指导下，项目设计单位首先沟通、衔接项目所在地中国农业科学院中关村院区总体规划，并考虑到项目位于中关村院区的中心位置，总平面设计采用了“井”字形道路进行规划，合理划分功能区，保证项目与周边科研设施保持既相对独立又联系方便的关系。项目邻近国家作物种质库，确保工艺路线合理顺畅，实现对作物资源高效利用。在项目方案设计、初步设计、施工图设计各阶段，项目设计单位开展了大量调研、考察、参观、走访工作；及时与科研人员沟通，商榷技术参数；组织专家论证，开展专项技术方案研讨，为工艺技术路线优化、建设方案完善打下了坚实基础。

3.1.4 农业重大科研设施设计中常见问题及对策

常见问题主要表现为设计单位缺少相应设计经验、设计基础资料不全、设计深度不够等，在影响设计质量的同时，还会造成设计返工、投资不足、进度缓慢等。针对常见问题，可采取以下措施。

第一，设计单位缺乏农业重大科研设施设计经验。农业重大科研设施工程与科研双重属性的特点，对设计单位提出了较高要求。目前，我国农业重大科研设施总体上数量不多，大多数设计单位缺少相应的设计经验，往往在设计过程中与项目建设单位一同探索推动农业重大科研设施设计工作。为此，应选择与农业重大科研设施复杂程度相匹配、学习能力较强的设计单位开展项目设计工作。项目建设单位在确定设计单位前，需考察一批国内外知名度高、具备重大科研设施设计经验的设计单位，一方面加深对设计行业的了解，另一方面也引起设计单位的重视；同时，要充分发挥熟悉国内外相关科研设施人员作用，推动有关人员与设计人员的无障碍沟通。

案例　国家动物疫病防控高级别生物安全实验室设计单位

国家动物疫病防控高级别生物安全实验室是我国自行设计的最大规模的大动物四级生物安全实验室，无可借鉴的设计经验。项目建设单位选用实践经验丰富、研究能力强的大型设计院作为项目设计单位。项目设计单位选派工艺、建筑、结构、暖通、水、电等专业能力强的设计人员组建设计团队，并成立专门研究团队，拨专款开展“盒中盒”概念的建设技术研究。

设计之初，项目建设单位和设计单位分工合作，收集相关信息，针对性开展实验设备、水、电、自控配置、运行管理等研究，反复模拟验证实验室围护结构密闭性，研究制订了特殊结构方案。同时，注重与国内外有关设计单位、供货单位沟通交流。最终，项目设计单位交出了满意的设计成果，促进了项目顺利建设完成，也进一步奠定了其在相关领域的设计地位。

第二，基础资料不全导致设计进度缓慢。基础资料包括项目周边环境、基础设施配套条件、地质勘查报告、文物勘察报告、现有建筑物竣工图等。全面、准确的基础资料是设计有序开展的基础，项目建设往往存在周边基础设施建设时间早、现有建筑物建设年代久远、图纸资料缺失严重等问题，影响设计工作正常进行。为此，项目建设单位应提前多渠道收集相关基础资料，一方面可查询项目档案或到项目所在地城建档案馆查询；另一方面对于市政管线、地勘报告等无法查找的，应做好工作规划，及时进行勘测。

第三，前期报建手续不完善影响设计进度。前期报建手续包括规划、人防、节能（绿建）、园林、文物、供电、热力、自来水、污水等。项目建设单位应根据有关要求，在项目方案设计、初步设计和施工图设计各阶段与地方相关管理部门进行有效沟通，按要求完成设计任务，履行报批手续。工作实践中，存在对前期报建手续不熟悉、报建工作不及时、导致重新设计或设计进度延后等问题。为此，项目建设单位应加强沟通，熟悉项目所在地管理要求和报建程序，及时申报审批材料，并做好衔接；项目设计单位应熟练掌握相关专业设计规范，从源头上减少设计修改。

第四，初步设计深度不足导致评审周期长。受项目设计单位设计人员专业能力、沟通质量、设计工期等诸多因素影响，农业重大科研设施项目往往存在初步设计深度不足导致设计过程反复影响评审进度的问题，例如，在初步设计和概算中设计说明不清晰、设计图纸不全面或概算有重大缺项或漏项。为此，一方面项目建设单位要提交高质量的设计任务书；另一方面项目设计单位要加强人员配备和各专业设计协调。

第五，各专业施工图存在“打架”问题。方案设计、初步设计和施工图设计成果为平面图，在各专业管线越来越复杂的情况下，各专业设计中如检查不到位，会在施工时出现建筑工程和机电安装工程、机电安装工程相互之间交叉冲突的问题，影响项目施工。解决各专业设计“打架”问题，需要将平面图纸转化为立体建筑，如采用BIM技术，将建筑生命周期中各阶段数据信息进行整合、集成和分析，最终呈现3D可视化模型，指导设计和建设工作开展，实现项目高效设计。

案例　国家畜禽改良研究中心设计中主要问题和措施

国家畜禽改良研究中心项目建设地点位于北京市海淀区和昌平区，建设内容涉及实验楼及畜禽舍等。项目设计中主要有以下几个问题。

一是原有地勘资料不能满足设计需要。项目立项后，调阅两处建设地点地勘资料，发现存在资料不清的问题，最终决定对两处建设地点分别进行地勘初勘和详细勘查。初勘和详勘作用不同，为快速推进项目设计进度，设计单位依据初勘成果进行方案设计，履行相关报建手续，依据详勘成果进行初步设计和施工图设计，对推动项目设计进度起到了重要作用。

二是对地方报建手续不熟影响设计进度。如人防工程设计需分为规划、初步设计和施工图设计三个阶段。人防建设规划主要是核定应建人防建筑面积和人防工程平时用途、战时用途，防护区抗力级别、防化级别等设计条件，是编制初步设计的条件，应在设计方案阶段报批。按照中央国家机关人防工程建设有关要求，十层（含）以上或者基础埋深3米（含）以上部分，按照地面首层建筑面积建设人防工程；十层（不含十层）以下且基础埋深小于3米部分，按其地面总建筑面积的4%修建。本项目实验楼方案设计10层以下，地上总建筑面积约12 000平方米，首层面积约3 000平方米，若基础埋深超过3米，应建人防工程3 000平方米，若基础埋深在3米以内，应建人防工程480平方米。由于人防工程建设成本比普通地下室高约50%，综合考虑项目投资规模等因素，设计单位采用下返梁等措施，将基础埋深控制在3米以内。项目初步设计完成后，需到人防管理部门报审初步设计；施工图完成后，需办理人防施工图审查。人防工程设计批准文件影响规划许可证办理，设计工作完成后应尽早办理。

3.2　农业重大科研设施实施

农业重大科研设施实施，在纵向管理上，建设单位要建立职责明确、层层负责的项目管理领导小组，同时，组建综合性项目管理机构，明确各管理人员分工和职责；在横向管理上，要充分调动各参建单位的积极性，落实项目责任人，合理利用好各方技术力量和优势，合理合规完成各项建设任务。根据农业重大科研设施项目的一般特点，按照基本建设程序，农业重大科研设施的实施可分为建设准备、施工、科学仪器设备采购3个阶段。

3.2.1 农业重大科研设施建设准备阶段

（1）报建手续办理。主要是针对土建工程而言，多属于行政审批类，大体包括以下几个部分。

一是建设项目选址意见。选址意见是项目申请用地的第一步，由项目建设单位向自然资源行政管理部门提交申请，主要材料包括投资主管部门项目建议书批复（原件）、土地权属证明文件或用地说明、相关图纸、建设单位相关证明材料等。行政管理部门审核提交材料的完整性，要件齐备即核发建设项目选址意见书。

二是建设项目用地预审。建设项目用地预审是对选址可行性的审核，由建设单位提供立项文件（项目建议书批复或可行性研究报告批复），填写建设项目用地预审申请报告、申请表、用地面积一览表等，并出具建设项目选址意见、压覆重要矿产资源报告、地质灾害危险性评估报告、土地勘测技术报告书、1：10 000土地利用现状图、1：10 000土地利用总体规划图（原件）和建设单位相关证明材料等。自然资源行政管理部门依据提供材料，决定是否通过用地预审，在地灾、压矿不存在的前提下，核发建设用地规划许可证。

三是土地权属现状调查和道路红线。自然资源行政主管部门核发建设用地规划许可证后，委托具有资质的第三方测绘单位对土地权属限制进行调查确认并完成道路红线放线。权属清晰且选址不占用各类现状道路前提下，报建手续流转到专项审批流程。

四是各类专项审批，包括城市园林、风景名胜区、文物等审批，由建设单位提供用地平面图，由各专项审批行政主管部门进行核验。如无冲突，即出具相关审核意见。

五是建设工程规划许可证。建设工程规划许可证取得是项目可以在申请土地上建设的标志，由建设单位提交规划（建筑）方案技术审查相关资料（三维数字地图、交通评估、面积指标校核报告、日照分析结论等）（原件）、总平面及建筑单体平、立、剖面图电子版及纸质蓝图（原件）、技术审查专题会议纪要（复印件）等，材料齐全，自然资源行政主管部门核发建设工程规划许可证。

六是施工图审查。在各类审批工作办理时，同步开展施工图设计。施工图完成后，项目建设单位向审查单位提交审查申请，核准后发放审图合格证。

（2）招标管理。农业重大科研设施一般以招标方式确定项目实施的主要参建单位，招标范围主要包括监理招标、施工招标和仪器设备采购招标，具体内容有编制招标文件、发布招标公告、接受投标单位报名、进行资格预审/后审、组织开评标、进行中标公示及备案等。

监理招标。根据国家发展改革委印发的《必须招标的工程项目规定》（国家发展改革委令第16号），监理合同估算价在100万元以上的必须进行招标。监理单位需落实“四控两管一协调”。

施工招标。根据国家发展改革委印发的《必须招标的工程项目规定》（国家发展改革委令第16号），施工单项合同估算价在400万元人民币以上的必须进行招标。该阶段需高度重视施工招标文件编制，包括评标办法、工程量清单、招标控制价、拟签订施工合同主要条款等内容。

仪器设备招标。在3.2.3中重点说明。

（3）施工准备。施工准备是指施工单位在建筑工程承包合同签订后，为保证项目能够按照合同规定时间开工而进行的经济、技术、人力、材料、机具、设施等的组织调配，以及按照政策要求需进行的行政审批或备案，通常把开工前的这一段时间叫作施工准备阶段。

TIPS　开工手续办理

按照国家相关法律法规要求，农业重大科研设施开工前应完成以下手续办理。

（1）监理与施工合同备案。

（2）工程安全施工备案。

（3）一般费用缴纳，如基础设施配套费和工程质量监督费等。

（4）申报建筑工程施工许可证。

（5）工程质量监督注册。

各地政策会略有差异，相关手续办理所需材料可能会有区别，项目建设单位应提前咨询，以免因办理材料不全或不符合要求造成时间浪费。

施工准备阶段主要工作包括以下几个方面。

一是办理建筑工程施工许可证。建筑工程施工许可证是建设行政主管部门核发的准许建设项目动工的法定材料，其申请办理除需出具各类审批材料外，还需提交施工图审查合格材料、建设单位无拖欠工程款情形承诺书、银行资金保函或证明等。

二是施工现场准备。①组织安排临近用电、用水、道路、通信等基础设施接入项目现场，平整施工场地。重点组织各方（建设单位、施工单位、监理单位）相关人员全部到场，落实建设用地周边及地上、地下各种与项目施工相关情况。②审核施工单位施工场地平面规划，并协调施工单位按照审核的场地规划建设办公、临时住宿、材料加工棚、仓储等设施。③组织设计单位开展设计交底工作。明确设计的关键点，更有针对性地做好施工方案。④组织施工单位（含桩基础、人防、主体等施工单位）、监理单位等相关直接参建单位进行图纸会审，并形成会审纪要。⑤监督施工单位编制可操作性施工进度计划。⑥组织施工单位和监理单位开展安全生产教育，落实建管、消防等部门对于安全生产需要配套的各类设施。⑦联系施工定位放线和桩位保护。

TIPS 设计交底与图纸会审

设计交底和图纸会审是指由项目建设单位组织，设计和勘察单位作为施工图设计介绍方，施工、监理以及全过程工程咨询等单位共同参加的技术活动。施工总承包单位内部施工组织设计范畴的交底不在此论述范围内。

各参建方技术负责人必须参会，且在会前详细查阅全套施工图及相关技术资料。

设计交底与图纸会审注意以下事项。

（1）设计单位负责人应介绍设计意图、工程特点等，各专业负责人应到场并对各专业中特殊要求进行说明。

（2）参会方应认真核对图纸、说明，对图纸、说明中出现描述不一致或遗漏内容进行明确，涉及影响投资的内容须特别提醒建设单位注意，并履行工程变更洽商程序。

（3）须形成会议纪要，并经各参会方签字确认。该纪要即被视为设计文件的组成部分，指导工程实施并予以存档。

（4）未召开设计交底与图纸会审专题会议，工程不得开工建设。

（5）项目施工过程中，施工单位原则上不得随意调整项目经理及各专业负责人，如必须调整，需对设计交底和图纸会审内容进行交接。

案例　中国农业科学院农业图书馆施工准备

施工图会审。项目建设单位组织设计单位、监理单位、施工总承包单位、分包单位进行施工图纸会审，各单位在自审的基础上进行会审，由监理单位形成会议纪要，各单位签字盖章，设计单位据此进行设计修改。

施工组织设计。在投标文件基础上，施工总承包单位根据施工图会审结果和现场情况，修正和优化施工组织设计，报总监理工程师审核批准后，再报建设单位审定，据此开展其他各项准备工作。

部署施工力量。施工总承包单位根据工程特点，调整施工组织机构，部署施工力量。既要满足工程进度的要求，又要有利于提高劳动生产率，做到工种配套、人机配套、机具配套，对工人进行施工技术和生产安全教育。

三通一平。项目建设单位协助施工总承包单位接通水源、电源、场内外交通道路、排水渠道等。项目充分利用永久工程设施，尽可能减少建设临时性管线工程，减少管道工程重复开挖。施工总承包单位进行场区内的工程测量、放线定位，设置永久性的经纬坐标和水平基桩，补做必需的现场水文、地质勘定工作，清除现场施工障碍和平整场地。土方工程进行全面规划，保证了挖填平衡，采用机械化一次性场地平整，减少了重复倒运量。

3.2.2　农业重大科研设施施工阶段

施工阶段是农业重大科研设施整个实施过程中最重要的阶段，其涉及程序多、工程与工艺技术复杂、管理要求高，不可预计的情况时有发生，是项目建设单位项目管理的重点和难点。

实施“四控两管一协调”，全面统筹项目实施。施工过程中，项目建设单位应充分发挥监督作用，对项目进行质量、进度、投资、安全控制，做好合同和信息管理，同时积极协调参建各方，调动一切积极因素，促使项目各参建方协同一致，严格按照合同约定履行各自义务，完成项目批复建设内容，实现预定建设目标。如发现问题应及时采取有效措施，避免问题进一步扩大或造成经济损失等情况发生。

案例　中国农作物基因资源与基因改良重大科学工程施工管理

总体实施管理：项目建设单位对监理、总包单位按照四大控制落实到人，层层把关。在工程质量上，采取不间断跟踪检查和分项分段验收方式，做到检查不留真空、不留死角，发现问题随时解决；在进度控制上，按每周进度计划控制、周中检查的办法，哪个工种未按计划完成就马上调整力量解决；在投资控制上，严格按照项目初步设计及概算批复内容和投资控制数执行，杜绝超规模、超标准、超范围施工，严格控制变更洽商的情况发生；在安全控制上，除项目建设单位、监理单位、施工单位设专人检查安全外，在施工现场每个工种、班组均设兼职安全员，同时要求在施工现场人员，人人都是安全员，出现安全隐患，人人有权、有责任制止和报告，并互相监督，还规定“如有人看到安全隐患，不制止、不报告的，一旦发现将严肃处理和处罚”。通过这些措施和控制，项目施工过程管理收到了很好效果。

疫情期间施工管理：2003年春季，科研楼部分进入装修阶段，正赶上北京“非典”疫情，施工工地有200多名工人，如何进行有效防护管理、保障施工人员安全是项目能否继续施工的关键。项目建设单位积极组织，多次召集施工人员开会，最后要求总包单位严控施工现场，并采取强制措施，进行全封闭式管理，严格控制人员及车辆进出施工现场，生活用品等物资由总包单位设专人采购供应，设专人每天3次消毒，每天3次检查卫生和严控工人食堂的卫生等，确保了疫情期间工地无一例疫情感染情况发生，安全渡过了“非典”时期。

加强力量组织，完善管理制度。成立项目实施机构，制订管理制度是项目建设单位高效开展后续各项工作的前提。为保证农业重大科研设施更好实施，应组建与其相匹配的管理实施机构，除在业务流程上需要专业全面、层级关系明确外，还应重点加强有关人员技术力量培养，例如，对于土建施工、仪器设备采购等技术性要求比较高的工作，可增加人员数量或组建专业小组。项目管理办法应结合项目实施管理过程中的关键点，经过充分讨论后编制完成，其内容除包括“四制”要求外，还应针对农业重大科研设施特点，制订相应管理条款，重点明确管理机构中人员分工及其岗位职责。高质量的项目管理办法是保证项目实施中人员密切协作、各项工作高效衔接的关键。

案例　中国农业科学院农业图书馆施工管理

项目建设单位成立建设领导小组，单位法人代表担任组长。在此基础上，成立各专业组，包括土建组、暖通组、电气组、仪器设备组、档案资料组、监察组，鼓励管理人员参加专业学习、执业资格考试和业务培训，提倡“传、帮、带”。项目实施过程中，项目建设单位针对性地制订了项目管理办法和制度。

一是文件审批制度。编制项目文件审批单，审批确认时间为1个日历天，较大经济合同文件审批确认时间为3个日历天。如遇结构施工、浇筑混凝土等特殊情况需审批的，可先口头请示，同意后连续施工，但随后1个日历天内完成审批确认手续或在监理会上汇报变更洽商原因和理由，在会上研究确定是否变更，项目负责人确认是否变更，在办理变更洽商审批手续的同时，写入监理会议纪要。

二是财务审批制度。明确需持正式发票按照报销要求履行审批手续，未履行完审批程序的用款单，原则上不得提前进行资金支付，否则后果由承办人承担。

三是会议制度。为确保项目顺利实施和有关问题及时解决，每周召开一次周会，总结上周工作完成情况和存在问题，安排下周工作；每个月底召开一次总结会，总结一个月来工程进展情况和存在问题，研究解决问题办法，研究工程进度是否与计划一致等，每次会议都形成会议纪要。根据需要选择月中召开调度会，研究和解决有关问题。

加强质量控制。施工质量好坏直接关系项目建设成效，从项目开工建设到完成四方验收，质量控制一直是施工管理的重要内容。项目施工过程中，建设单位应重点加强监理管理，充分调动监理工程师的积极性，使其能够较好履行监理合同所规定的各项职责，通过见证、巡视、旁站、抽查和平行检查等方式对施工进行全过程、全方位管理和控制。针对施工过程中遇到的技术问题，项目建设单位还应充分发挥监理单位的技术和经验优势，研究、落实解决问题的施工技术，并由监理单位监督施工。此外，还应从多方面着手加强项目质量控制，包括建立施工质量保证体系，重视技术分析，加强技术攻关，编制质量控制专项方案。

案例　国家动物疫病防控高级别生物安全实验室施工质量控制管理

为保证地下室混凝土浇筑一次成型达到设计要求，现场建立了施工质量三级保障体系，施工前由总包单位向二级承包单位进行施工交底，设置质量控制点，再由二级承包单位进行施工落实、自查，总包单位现场进行质量督查，监理单位按照质量控制部位进行巡查，对出现质量问题及时纠正，使最终混凝土浇筑全部达到要求，保证了施工质量。重视技术分析，加强技术攻关，如高级别生物安全实验室施工中进行密闭门框预埋移位校准。项目大部分密闭门为进口设备，需要在混凝土浇筑时把门框预埋到混凝土墙体中，精度要求很高，否则可能造成门套无法安装。经过施工过程分析，发现混凝土振捣是密闭门发生移位的重要原因，为此施工单位积极想办法，利用核电安装经验，制作了专门支架，确保了密闭门在混凝土施工中校准和安装精度的实现，保证了施工质量。另外，针对染毒废水不锈钢管道壁厚特点，施工中采用了梯形焊接技术，并从核电施工队伍中抽调有经验焊工进行现场焊接，保证每个焊口都能一次性达到检测质量要求。

TIPS　质量控制

质量控制应建立质量控制点。质量控制点是指为了保证作业过程质量而确定的重点控制对象、关键部位或薄弱环节。应注意以下方面。

（1）施工作业人员是否按照标准工序进行施工操作。

（2）进场施工设备材料是否满足设计要求和使用需要。

（3）危险性较大施工项目在施工前单独编制安全专项施工方案，施工中应加强监理现场旁站监督，保证施工质量满足验收要求。

（4）重视质量控制专项方案编制，做到防患于未然。

加强进度控制。施工过程中各种不可预计情况发生以及问题解决，都将直接影响项目施工进度，往往还伴随着超预算风险。因此，加强项目施工阶段的进度控制非常重要。从项目建设单位视角，进度控制措施主要包括管理措施、组织措施和技术措施。此外，先进施工管理技术的应用，也在进度控制上发挥着重要作用。

案例　中国农业科学院农业图书馆进度管理

项目于2009年11月26日开工建设，由于场地狭窄及2009年冬天天气异常寒冷，导致项目护坡桩工程和土方开挖工程进度较慢。项目建设单位采取有效措施，加强进度控制，最终于2012年12月底完成全部施工内容。

（1）充分预估施工难度。中国农业科学院农业图书馆由新建和改造两部分内容组成，由于位置特殊、抗震规范调整和项目自身原因，该项目施工难度较大，主要表现在：①新建地下结构分为ABC三个区，地下工程最深为-8.7米，最浅为-3.5米，相差5米多；②混凝土标号变化大，梁、板、柱混凝土标号相差6个等级，梁、板、柱结合处施工难度极大；③旧图书馆改造部分拆除工程要为结构加层和加固提供结构安全保障，因此必须进行保护性拆除，拆除难度较大，效率较低；④该项目结构加固工程属于复杂程度高的结构加固工程，很多技术难题都是其他加固工程和施工单位未曾见过的。

（2）做好进度分析。依据施工总进度计划，以周为单位，绘制横道图作为进度控制表，张贴于办公室。每周进行进度考核，在横道图上进行对比分析，如某项工作进度滞后一周以上，分析原因并制订加快进度措施，动态预测实际进度对工程总工期影响，在监理例会和月报中向参建各方进行通报，明确责任。

（3）加强组织协调。针对现场出现的各类情况，项目建设单位全力协调设计院、总包单位、专业分包单位、监理单位，五方现场办公，共同研究、解决技术难题。

案例　国家动物疫病防控高级别生物安全实验室BIM技术运用

项目施工过程中，为使技术夹层的13种管道施工布局更为合理，督促施工单位采用了BIM（建筑信息模型）技术。通过BIM技术，施工方根据已经建好的3D模型及模型里数据安排施工，要做成什么样、多少距离、哪个部件在哪个位置等信息都一目了然，减少了施工过程中反复咨询、商议的时间，很好地控制了施工进度及质量。通过建立建筑、结构、设备、水电等各专业BIM模型，在施工前进行碰撞检查，及时优化设备、管线位置，加快施工进度，避免了施工中因管线打架造成的大量返工。

TIPS　进度控制

进度控制用于控制生产或工程进度是否按期完成，各工序在时间上能否相互衔接等。项目建设单位在进度控制中应注意以下几个方面。

（1）要求施工单位根据项目特点以网络图法制订项目施工进度计划，将整个施工过程根据工艺或组织关系进行划分，分阶段有序施工并明确工期及各工序衔接时间点。

（2）以项目进度计划网络图为依据，项目建设单位定期跟踪施工进度计划执行情况，分析项目进展及存在问题，通过合理压缩或加快相应工序工期，减少对总工期的影响。

加强投资控制。施工单位基于自身利益诉求，在施工过程中会想方设法增加工程结算造价，对项目建设单位投资控制提出了更高要求。投资控制措施主要有组织措施、技术措施、经济措施和合同措施。

案例　中国农业科学院农业图书馆投资控制管理

（1）严格执行变更洽商管理。项目实施中遇有重大变更或投资额变化的，按照农业部基本建设项目申报审批管理规定履行报批手续；遇有与招标阶段提供的施工图纸不同，且没有专门说明的非重大内容调整，需作变更洽商处理。未履行完洽商变更审批程序而发生的变更洽商，项目建设单位一律不予认可，一切责任由施工单位承担。对于因不可预见原因、设计问题或项目建设单位自身原因导致的变更，由项目建设单位代表先行履行变更内容内部报批程序，待得到确认后，再签字确认变更内容及工程量；在随后10日内，由施工单位提交变更预算，再按照管理办法履行审批程序；同步可以进行相关内容施工。对于不引起造价、功能等变化的技术性变更，由项目建设单位代表在履行完报批程序并签字确认后再实施。当变更洽商提出者为设计单位时，变更洽商文件须附设计变更通知书；当项目建设单位提出变更洽商时，变更洽商文件须附项目建设单位的变更通知单；当变更洽商提出者为施工单位时，变更洽商文件须附施工单位的变更原因通知书。

（2）采用全过程跟踪审计。项目四方验收后进行竣工结算，发现施工过程中累积的与结算相关问题较多，结算工作存在扯皮现象，推进难度较大。农业重大科研设施可采用全过程跟踪审计，与结算相关问题力争在过程中全部解决，既能减少投资超支风险，又有利于加快项目执行进度。全过程跟踪审计应注意厘清其与监理单位造价控制之间的关系，确定好工作流程，避免工作交叉和越位。

TIPS　投资控制

农业重大科研设施造价控制是运用科学的技术原理和方法，在统一目标、分工负责原则下，为确保项目在批复资金范围内完成全部建设内容，实现建设目标所进行的全过程、全方位的符合政策和客观规律的全部业务行为和组织活动。应重点注意以下几个方面。

（1）加强对施工中洽商变更签署的管理，尽量减少变更洽商。

（2）充分利用合同措施，增加服务与合同费用相关约束条款，通过风险分担方式减少因洽商变更造成的投资增加风险。

（3）采用全过程跟踪审计方式，便于建设单位及时掌握项目投资情况并加强投资管理。

（4）严格项目资金支付审批流程，支付依据必须翔实，避免对项目资金轻易审批。

加强安全控制。农业重大科研设施施工过程中，不可预见情况多，对于项目建设单位、施工单位、监理单位，安全工作始终都是第一位的，应加强安全控制。项目施工须严格执行新标准、规范及法律法规规定，坚持“安全第一，预防为主，综合治理”安全生产方针，提高安全生产管理水平，预防生产安全事故发生，更加有效地把控安全管理，实现多层次、全方位、全过程的控制和管理。

案例　国家畜禽改良研究中心安全控制管理

项目施工过程中，监理部每月组织现场安全文明施工联合检查，及时提出存在问题，除专职安全员外，要求人人都是兼职安全员，确保项目施工无安全事故。安全通道、临边洞口、防护网设置、电梯井安全防护、警示牌悬挂、脚手架搭拆等严格按规范和方案执行。重点对现场安全防护、施工机械操作、特种人员持证上岗、临时用电、现场消防等进行安全监督检查。要求进入现场人员必须佩戴安全帽，高空作业必须系挂安全带。在项目实施过程中，发现多个分包施工单位现场施工时临电管理混乱，成品材料进场堆放混乱，要求总包必须做好统筹管理，及时督促其进行了整改。

案例　中国农业科学院农业图书馆安全控制管理

全面落实安全生产责任制，建设单位与总包单位、监理单位签订安全生产责任书；总包单位内部、总包单位与分包单位，监理单位内部也要签订安全生产责任书。按照国家相关规定及《中国农业科学院图书馆项目施工现场检查要点》对施工现场采取大检查、例行检查和日常巡视相结合的检查方式。大检查每月1次，例行检查每周1次，形成安全生产周报；例行检查重点检查安全防护网、架，高空施工设施、材料、设备，消防设施及通道，易燃易爆物品存放，施工人员安全防护及安全操作等。日常巡视与质量检查相结合。同时也对施工现场环境及形象进行检查，重点包括现场材料设备堆放、场地及作业面整洁情况、厨房卫生间卫生情况、现场标识齐全整洁情况等方面，及时发现并消除现场的安全隐患。

TIPS　安全控制经验方法

（1）要求施工单位严格做好工地管理。如安全措施必须进行三交底（编制人员向项目管理人员交底、工长向班组交底、班组向操作人员交底），要求书面交底并有签字手续；现场要设围墙、围栏，入口处要张挂四牌一图；现场各种构件、材料应分类堆码有序，整齐牢固；现场塔机、井门架、外架、提升架、承重架、吊架、电机设备等安装后，必须经上级有关部门检查后方可使用等。

（2）制订全面的管理制度。如重大危险源隐患排查制度、安全生产责任制度、安全生产事故管理制度、安全生产检查制度、安全生产档案管理制度、安全教育培训制度、安全例会制度、重大危险源监控和重大隐患整改制度、应急管理制度、全员培训制度等。

（3）营造良好的工作环境。如施工现场的主要道路必须进行硬化处理，土方应集中堆放，裸露的场地和集中堆放的土方应采取覆盖、固化或绿化等措施；施工现场严禁大小便，发现有随地大小便现象要对责任区负责人进行处罚；施工区、生活区有明确划分，设置标志牌，标牌上注明责任人和管理范围；施工现场零散材料和垃圾，要及时清理，并且必须采用响应容器或管道运输，严禁凌空抛掷，垃圾临时存放不得超过3天，如违反本条规定处罚工地责任人等。

合同管理。施工过程中参建单位通过签署的合同约束双方的权利与义务关系，协同推进农业重大科研设施实施。合同管理与质量控制、进度控制、投资控制紧密相关，高质量的合同管理有助于项目建设单位对项目施工过程的更好管理。

案例 中国农业科学院农业图书馆合同管理

项目实施过程中，项目建设单位对合同签署提出了明确要求并严格执行。

（1）项目中凡涉及与项目建设单位以外的单位、组织和个人的经济或非经济性活动均需签订合同，合同文本采用国家或项目所在地规范合同文本。所有合同均需经过律师审定后方可送签。

（2）编制合同签订执行情况一览表，包括合同编号、合同名称、合同单位名称、合同采购内容、工期、主要违约责任、合同金额、合同金额调整因素、合同调整情况（对应合同调整因素）、调整金额、合同款支付、主要违约情况等。全体项目管理人员严格按照合同进行项目管理，要求熟悉合同约定的时间限制、在时限内是否需要书面或其他方式正式回复等条款，严格执行，避免结算时发生相关索赔。

（3）将服务承诺、服务质量与合同金额挂钩。在设计合同中对施工图纸质量标准进行约定，因设计人过失或因设计人原因造成变更洽商超过一定金额，设计人承担一定经济责任。清单编制合同中要求编制单位提供一定金额银行担保或投保专业责任险，在工程竣工结算时因清单问题导致变更超过一定金额，编制单位承担一定经济责任或全部由保险公司承担。在监理合同中将监理人员调整与监理费挂钩。在施工合同中将施工管理人员调整与合同价款挂钩。明确图纸会审后，若出现变更额超过一定数量，由监理单位和施工单位承担部分费用。

（4）在总包施工合同中，明确要求：总包单位须与正式劳务公司签订合同，劳务费用与该公司结算；若直接支付给工人，须专人做好考勤工作，有理有据支付工资。此措施可避免总包范围内的分包工程，总包处理不妥影响工程进度，甚至影响工程质量情况。例如，该项目施工过程中，水电工人讨要工资，最终北京市公安局、辖区派出所、劳动保障局及街道、市建委要求项目建设单位进行协调解决。

TIPS 合同管理

合同管理是项目管理工作的重中之重。合同管理应注意以下几个方面。

（1）采用规范合同文本，既能提高合同签署效率，也能减少双方或三方在合同条款签署时的争议。

（2）除项目建设单位业务部门审核外，委托专业律师进行合同内容审核，既可防止合同中不成熟条款给日后工作带来不必要的麻烦和争议，又能将施工中遇到的风险降到可控范围。

（3）充分利用合同条款，将合同费用与对项目施工有力约束内容进行体现，实现对项目整体的有效控制。

（4）加强对合同授权管理和合同履行监控，及时发现和避免违规违约等情况发生。

资料管理。资料管理是项目全过程管理的重要组成部分。其中，施工过程中的资料管理贯穿项目实施全过程，不仅是后续项目验收的需要，也对项目施工、仪器设备采购等具体实施过程以及项目建成后的运行具有十分重要的意义。在项目实施（施工或仪器设备采购）前，应编制资料管理规划，按照国家重大建设项目档案管理办法或建设工程文件归档整理规程要求，结合项目特点，编制资料收集目录。资料管理责任要落实到人，资料收集应及时、完整、规范、整洁。资料管理工作要求管理人员既要态度上重视、行动上细致，还需具备一定的建筑专业知识、档案专业知识及计算机应用能力。

案例　中国农业科学院农业图书馆档案管理

项目施工中，要求项目建设单位、监理单位和施工单位各落实一名专人负责档案管理工作。相关负责人按照《国家重大建设项目文件归档与档案整理规范》及《北京市建设工程项目档案管理规程》等规章制度的要求，及时收集、整理和归档，每月组织一次档案联合检查，联合检查时各方应提交一份档案资料清单进行对接，保证各方档案资料及时和完整收集。

为保证档案收集客观性、真实性，强调要保留完整的会议纪要（参会各方盖章）、单价确认单、变更审批资料等，每天检查并记录项目管理人员到岗情况（监理和施工项目部盖章）；来往文件签收必须是签收人亲自手写全部内容，不允许代写，以防他人补充填写其他内容；来往文件要有台账，记录发文收文日期、收件送件人、文件名称、文件主要内容、签批情况等。对现场隐蔽工程、主要材料进场、现场审核工程量、变更前后对比，要求必须保留影像资料，以作为日后查询和结算审核的依据。

此外，项目建设单位可创新档案管理形式。例如，对于异地建设项目，项目建设单位要求各参建单位档案管理负责人不定时通过信息化远程管理的手段，加强档案管理，实现远程异地及时掌握项目档案资料管理状况。

TIPS 资料管理

按照规范化要求收集整理形成的完整、具体、真实的工程技术资料，是工程竣工验收交付的必要条件。一个质量合格的工程必须要有一份内容齐全、原始技术资料完整、文字记载真实可靠的技术资料。资料整理应注意以下几个方面。

（1）设置专人负责资料管理工作，保证管理质量。

（2）施工阶段资料主要包括施工资料（施工进场材料检验及合格证明文件、分部分项验收资料、材料见证取样/试验资料、变更洽商记录、材料认质认价单等）、监理资料（监理大纲、监理月报、监理例会纪要等）、项目管理资料（会议纪要、项目变更申请材料、项目资金支付材料等）等。各份资料应准确记录标题名称、责任者、资料确定时间等信息。

（3）应确保资料真实性、规范性。

3.2.3 农业重大科研设施科学仪器设备采购

农业重大科研设施建设往往伴随着大型科学仪器设备的采购管理，主要包括资产配置、招标、供货、安装及调试4个部分。

（1）资产配置。按照财政部有关规定，仪器设备采购前需执行新增资产配置预算制度。新增资产配置预算是仪器设备采购的前置要求。

需说明的是，涉及进口仪器设备采购的，应首先开展进口仪器设备专家论证和备案。原则上，由采购人（项目建设单位）自行组织论证工作，论证专家应当是熟悉该产品，并且与采购人或采购代理机构没有经济和行政隶属等关系，专家论证意见随采购文件存档备查。完成论证后，项目建设单位可单次或批量通过“政府采购计划管理系统”备案。备案完成后，方可进行进口仪器设备后续采购工作。

（2）招标。农业重大科研设施仪器设备投资规模往往较大，符合《必须招标的工程项目规定》（国家发展改革委令第16号）中必须招标的条件，需以招标方式进行采购。项目建设单位应委托经验丰富、专业能力较强的招标代理机构编制招标文件，组织招标投标工作。与此同时，项目建设单位也要加强协调，积极配合招标代理机构提供仪器设备招标参数等资料，确保招标工作有序高质量开展。

案例　中国农作物基因资源与基因改良重大科学工程仪器设备招标

项目批复后，项目建设单位负责人先后5次主持召开仪器设备招标办公会议，确定招标工作领导小组、工作组以及各参会人员工作内容，严明招标纪律，签署《中国农作物基因资源与基因改良工程仪器设备采购工作承诺函》，明确标书编写有关规定和要求，确定招标代理等。

仪器设备招标过程中，为保证有关科研工作的推进，采用分包多批次采购。第一批仪器设备于2002年年底进行招标，共分为4包，最终中标厂商3家，3个品目，签署了3份合同。随后，2003—2008年又进行了多次分批招标采购。

TIPS　仪器设备招标

农业重大科研设施仪器设备一般数量较多，类型也比较复杂，可根据科研功能将其合理打包划分标段进行招标。仪器设备安装与土建工程工序相关的，可根据土建工程进度合理安排招标工作。

（3）供货。签署仪器设备采购合同后，涉及进口仪器设备，项目建设单位要进行海关免税申请办理；涉及国家政策规定需进行机电审批的仪器设备，项目建设单位要到商务部办理相关审批手续。

海关免税申请批复后，项目建设单位即可通知代理商、供货商发货。

TIPS　进口仪器设备采购

代理商采购进口仪器设备经验相对比较丰富，办理采购供货相关行政审批事项效率也相对比较高。因此，进口仪器设备采购，项目建设单位可通过采购合同约定委托代理商主要负责，采购方配合，从而加快采购进度。

（4）安装及调试。仪器设备采购到货后，一旦条件具备，供货商应及时联系设备厂家进行安装并试运行，确认仪器设备是否满足采购要求并能正常运转。如科研类仪器设备大多属于精密仪器，经过长途运输，需确认其测试数据是否准确；部分仪器设备，尤其是大型科研装置往往是由多个模块组成，需由仪器设备厂家根据科研工作需要进行试运行，根据运行数据对仪器设备或各模块运转等情况做出判断并进行调试，最终使其满足使用需求。

与建筑工程紧密相关的仪器设备，到货安装前应重点做好仪器设备对现场安装条件需求核验，确保到货后能够顺利安装并调试使用。

TIPS　仪器设备安装与调试

仪器设备安装前，首先应进行开箱验货，以防仪器设备部件发生丢失或破损；仪器设备安装完成后，需进行调试，以确保运行正常。

案例　国家动物疫病防控高级别生物安全实验室仪器设备安装及调试

项目中进口仪器设备安装基础和孔洞精确统计及预埋是施工中的重点与难点。1 100多台来自不同国家、不同厂家的仪器设备在中标后逐一进行配置标准设计、尺寸二次确认是一件不容易的事。工作中，既要克服西方国家与我国工作时差、工作方式、工作语言的差异与障碍，同时还要保证工期要求。为此，国家动物疫病防控高级别生物安全实验室项目建设单位、施工单位、设计单位安排专人组成仪器设备参数确认小组，各成员分工负责，通过代理商在规定时间内完成了全部仪器设备参数确认工作，保证了设备安装基础、孔洞施工质量和进度，为仪器设备到货安装奠定了重要基础。

TIPS　新增大型仪器设备评议

为提高项目建设单位大型仪器设备配置的科学性与合理性，加快推进预算管理与资产管理的结合，农业农村部实施了新增大型仪器设备评议制度。

（1）评议范围。第二年拟新购单台（套）价值在50万元（含）以上的通用设备、100万元（含）以上的专用设备，需进行申报和评议。

（2）填报《农业农村部××年新增大型仪器设备申报基本情况表》《新增大型仪器设备购置申请情况说明表》，包括资产存量、计划处置数量、新增资产数量、新增必要性和可行性等方面内容。

（3）评议结果将作为项目建设单位编报下一年度新增资产配置预算和政府采购预算的依据。

3.2.4 农业重大科研设施实施中常见问题及对策

（1）报建阶段。往往耗时较长，进而造成整个项目实施周期延长。基于工作实践经验，造成项目建设周期延长主要原因有以下几种情况。

一是异地审批困难重重，主要是因为项目建设单位对当地相关部门和办事流程不熟悉。为此，项目建设单位应委派专人办理，同时可借助地方力量，争取将农业重大科研设施列入地方政府绿色通道，可明显缩短办理周期。

二是市政建设和城市规划不清造成工作受阻。项目建设单位往往因为长时间未与当地城市交通、市政配套和城市规划等部门衔接，无法获得实时用地信息，而在项目申报或审批时才发现问题，造成项目进展受阻。为此，项目建设单位应尽早与当地勘测、规划局等部门联系，获得最新交通控制线、市政道路红线和用地规划控制线等数据，为项目总平面规划奠定基础。

三是重要资料丢失造成审批周期延长。项目前期审批手续繁杂，各审批部门经常需要重复使用某些证件或批复文件原件，极容易因为重要资料反复流转造成遗失，补办将造成审批周期大大延长。为此，项目建设单位须建立原件资料借用台账，记录资料去向，按照“谁领用，谁负责”原则跟踪管理。

（2）招投标阶段。招投标阶段需针对农业重大科研设施特点在招标文件中设置相关条款。基于工作实践，往往存在以下几种情况。

一是招标文件编制水平不高。招标文件编制是整个招标过程中最重要的一环。以仪器设备招标采购为例，其招标文件既体现招标方对所采购仪器设备的需求，也是作为投标方制订投标文件的依据，标书条款是否完善、语言表述是否规范和准确，直接关系招标效果。为此，应重视招标代理机构选择和招标文件编制。对于委托公开招标项目，建议选择一个有资质、信誉好、技术力量强并能维护建设单位利益的招标代理机构，尽可能清晰地表述项目特点；另外，招标文件要与合同挂钩，为便于后续管理，可在合同专用条款中增加一些与乙方责任相关的条款，既能在施工中增加对施工方约束，当项目建设中出现问题时，也能够有效地维护项目建设单位利益，追究乙方责任。

二是工程量清单编制质量差。工程量清单总说明表述不清楚，不重视总说明中的工程规模、特征方面的描述，如结构形式、建筑面积、总长、总宽、总高、层数等技术参数。由于措施项目清单中，许多费用是以“项”为单位的，如果总说明中无具体说明，投标人无法准确测算相关费用并报价；项目特征描述不准确、不全面，必然会影响综合单价准确性，导致施工过程中变更，引起工程结算分歧，导致纠纷和索赔。为此，应加强工程量清单编制技术审核。一旦中标，工程量清单就成为合同的重要组成部分，清单准确性与精准性至关重要。因此，须给工程量清单编制单位相对充裕时间，可组织设计院进行专门设计交底。项目建设单位应对编制完成的工程量清单要进行审核，避免漏项、特征描述不准确、工程量偏差较大等问题，以减少设计变更，降低工程造价控制难度。

案例　中国农业科学院农业图书馆工程招标有关问题

施工图中未明确“隐框玻璃幕墙”面层材料品种、规格，工程量清单项目特征简单描述是“采用中空钢化玻璃”，承包人采用不平衡报价法对“隐框玻璃幕墙”报了低价。施工过程中，承包人要求发包人提供详细的玻璃幕墙施工图纸，承包人据此提出的新单价超出原投标报价。再如，该项目中结构加固工程，清单中有土方开挖工程量1 300立方米，但因特征描述不详细，尤其是没有明确具体的位置，导致承包人坚持认为是清单漏项，提出新单价高于原投标报价，导致较大金额的结算纠纷。

三是暂估价工程和暂估价材料较多。项目建设单位往往将“空调、弱电、消防、变配电、电梯、卷材”等设为暂估价专业工程，以及“外墙砖、石材、卫生洁具、给排水设备、配电箱、照明灯具、保温板、防火门、卷帘门”等设为暂估价材料，给材料采购、施工组织、合同管理和工程结算带来更多困难。例如，暂估价专业工程合同往往是三方合同，施工中容易出现扯皮现象。为此，应尽可能减少暂估价专业工程和暂估价材料数量，最大限度地列入施工总承包范围。施工总承包单位和建设单位签订总包合同，总包与分包单位签订分包合同，分包对总包负责，总包对建设单位负责，总包和分包之间职责划分要明确详尽。

四是政策及市场环境对招标的影响。例如，施工招标中，有些地方政府往往倾向保护本地企业，而这些企业综合实力和管理经验往往相对较弱，一旦他们成为中标单位，会给后续施工管理带来管理风险。为此，一方面要充分利用国家相关政策和技术标准，高质量编制招标文件，保护项目建设单位利益；另一方面，积极加强与地方政府有关部门沟通，强调农业重大科研设施的重大意义和建设难度，争取工作支持。

（3）施工准备阶段。此阶段，施工现场一些客观条件并不完全具备，往往需各方密切配合。例如，“三通一平”工作由于受障碍物拆除或人为干扰等因素影响，往往花费较长时间。为此，既要有多种方案可供选择，也要有工作突破的努力与能力，还要加强有关人员力量配备和政策研究，这样才能取得问题的突破性解决。

案例　中国农业科学院农产品质量标准与检测中心场地清理

中国农业科学院农产品质量标准与检测中心建设场地内有科技开发楼、科研办公区中心配电室、一户居民住户和后勤中心办公用房等，项目的实施需首先进行搬迁和拆除，而相应工作难度比较大。居民住户要求在中国农业科学院大院内解决住房，否则拒绝搬迁，后经长时间多次反复沟通，才最终达成搬迁协议；科研办公区中心配电室为中国农业科学院大院科研办公供电，不能停电。经过对搬迁方案多次论证和研究，并与海淀区供电局多次协商，同时，考虑大院用电量严重不足实际情况，采用先把增容用电设备和电缆安装在临时场地用电，原配电设备停电搬迁到临时安装场地安装恢复用电，最终此问题才得到较满意的解决。

（4）施工阶段进度缓慢或工期延误。主要因素有以下方面。

一是施工环境因素影响。很多施工单位在施工前没有对施工环境进行详细考察，导致施工过程中很多工作不能顺利展开，特别是在建筑工程设计中，对于上述可能发生情况没有制订相应措施情形下，施工中如果不能及时解决突发的问题，则可能会对整个项目建设进度产生较大的负面影响。应加强施工现场地质构成、水文条件、地质条件等勘测，尽可能地做好施工前的基础性工作。

二是施工技术影响。主要包括施工工艺不成熟、施工方案不合理等，导致施工过程中还需要解决施工技术问题。应加强施工技术研究与验证，保证项目实施工程中稳定推进。

三是组织管理因素影响。包括合同审批延误，施工计划安排不当、施工组织协调不当等，以及由于工程相关管理人员经验缺乏导致的施工交接和配合上的问题。

针对上述情况，要重点加强施工组织管理培训，以及相关人员力量配备。

（5）施工单位与监理单位主要人员频繁发生调整。项目建设单位应从招标文件、合同条款等方面着手，约定施工单位、监理单位主要人员调整程序、要求以及罚则等。

（6）仪器设备招标文件表述不清晰。招标文件中应对拟采购仪器设备的名称、数量、配置、性能和技术参数等内容清晰表述，公开载明对投标人的实质性要求。性能参数如未准确表述，会导致采购仪器设备达不到科研要求或其先进性不够；技术参数描述不够全面，会导致采购仪器设备运行稳定性差，采集实验数据不准确或运行寿命偏低。此外，成套系统采购时，其配置参数也要精准表述，如发生遗漏，往往可能造成所采购的仪器设备缺少配件不能运行或功能缺失。为此，要发挥专家作用，把好技术审核关。项目建设单位可邀请经验丰富科研专家对仪器设备参数进行审核，确保所购置仪器设备功能适用性、技术先进性、使用可靠性和经济合理性，保证采购仪器设备满足项目需要。

（7）拟购置仪器设备配置参数发生调整。农业重大科研设施往往申报周期较长，其仪器设备从提出申请到招标采购，时间往往长达数年，部分仪器设备配置参数发生较大调整，甚至已经停产，导致无法按照批复完成采购任务。为此，对于受客观环境影响的建议项目审批部门建立健全相应调整机制，以满足需求为原则，允许在批复基础上进行适当调整；同时，项目建设单位要在项目申报阶段做好详细调研。

4 农业重大科研设施验收

4.1 农业重大科研设施验收概述

农业重大科研设施验收是指验收组织部门依据批复文件、项目管理规定以及国家、行业、地方有关建设标准对设计、施工、建设内容完成情况、投入试运行情况，以及工程质量管理、建设资金管理、建设进度管理、施工安全管理、项目档案管理等进行检查和评价的过程，包括中间验收、专项验收、单项工程验收、初步竣工验收、竣工验收、竣工财务验收6个环节。

农业重大科研设施验收工作应在合理确定或划分单项工程、单位工程、分步工程、分项工程、检验批基础上进行。通常情况下，项目建设单位应在项目实施前确定，并以书面形式通知设计、施工、监理等有关单位，并据此收集整理施工技术资料，开展验收工作。当只有一个单项工程或按照一个单项工程组织管理时，单项工程验收可以与项目初步验收合并进行。农业建筑工程、田间工程以及与它们配套的安装工程、农机具和仪器设备购置等建设内容，应分别进行各有关环节的验收。

农业重大科研设施中间验收通常由工程监理单位组织开展；专项验收一般由项目建设单位申报，有关专项行政主管部门负责组织开展；单项工程验收、初步竣工验收，由项目建设单位负责组织开展；竣工验收由国家发展改革委负责组织或者委托相关单位组织开展；竣工财务验收由项目建设单位上级财政部门和项目主管部门负责组织开展。

4.2 农业重大科研设施中间验收

农业重大科研设施中间验收是指为了实现农业重大科研设施整体目标，保证工程质量，在工程施工过程中针对单位工程、分部工程、分项工程、检验批，以及专业工程、隐蔽工程或特殊问题所进行的验收，重点是针对施工中间环节工程质量的认定和验收。中间验收与项目组织实施管理密切相关，也是项目管理工作的重要组成部分。由于中间验收贯穿在工程施工、安装过程中，有人认为它不应作为项目验收工作的一部分，而应作为项目施工管理的工作内容。实际上，中间验收是专项验收、单项工程验收、初步竣工验收和竣工验收的基础，是建设项目能否安全投入使用、达到建设目标、发挥建设效益的根本保障，是建设项目验收整体工作的重要组成部分。

农业重大科研设施中的房屋建筑，以及附属于它们的室内供水、供热、燃气、通风空调等设备、管线安装工程，与主体工程配套的设备基础、道路围墙、绿化等附属、配套工程，温室、网室，应按照《建筑工程施工质量验收统一标准》（GB 50300—2001）规定的程序、方法进行中间验收；田间工程、农机具和仪器设备、有关安装工程等，应按照国家相关行业验收标准、合同约定等开展中间验收。

4.3 农业重大科研设施专项验收

在单位工程竣工验收前要开展各种专项验收，只有通过规定专项验收才能开展单位工程竣工验收，即“四方验收”和工程竣工备案。专项验收内容一般包括电梯验收、消防验收、规划验收、人防验收、室内环境检测、建筑节能验收、供电验收、供水验收、防雷装置验收等。

TIPS 专项验收注意事项

（1）专项验收范围和要求各地不尽相同，且近年来变动比较频繁，项目建设单位从办理申请手续开始至项目实施、单项工程验收过程中，要及时关注专项验收政策变动情况，遇到问题及时与主管部门沟通。

（2）有些项目建设单位为了提高专项验收效率，在申报、验收阶段，往往委托施工单位办理专项验收，或者提供加盖有项目建设单位公章的空白表格，由施工单位代为办理。一旦发生工程结算纠纷，这些往往会成为项目建设单位的隐患。鉴于施工单位对相关流程往往更为熟悉，项目建设单位可以请其协助办理，但相关材料提交、领取与签字、盖章等手续，必须由项目建设单位自行办理。

4.3.1 电梯验收

电梯属于特种设备。电梯设备进场必须进行验收，参加安装施工和质量验收人员应具备相应资格，调试完毕后由技术质量监督局负责验收，并形成验收文件。验收通过后，方可投入运行。

电梯验收管理要点：检测项目包括16项，即主电源开关、机房照明、轿箱照明与通风电路、轿顶照明及插座、井道照明、接地保护、控制屏柜、防护罩壳、线路敷设、电线管槽、电线槽、电线管、金属软管、轿箱操作盘及显示面板、防腐、导线敷设。

电梯验收条件：电梯安装完毕，并经施工单位自检合格。

电梯验收程序：项目建设单位（或电梯使用单位）持施工许可证和有关资料向检验机构提出申请检验。电梯检验检测机构接到检验申请后安排检验。经检验合格后，由安全监察机构办理注册登记手续，发给电梯安全检验合格标志。

4.3.2 消防验收

消防验收条件：室内防火分区（含封堵）、防火（卷帘）门、消火栓、喷淋（气体）灭火，消防指示灯、消防报警、电气等系统完成联动调试，室外幕墙防火构造、庭院环形路、室外接合器等完成并自检合格。项目建设单位应委托有资质的消防检测机构进行检测，并出具消防检测报告书。

消防验收程序：项目建设单位完成消防检测后，向当地消防机构申请验收。

申请消防验收提供材料：

（1）建设工程消防验收申报表。

（2）工程竣工验收报告。

（3）消防产品质量合格证明文件。

（4）有防火性能要求的建筑构件、建筑材料、室内装修装饰材料符合国家标准或者行业标准的证明文件、出厂合格证。

（5）消防设施、电气防火技术检测合格证明文件。

（6）施工、工程监理、检测单位的合法身份证明和资质等级证明文件。

（7）其他依法需要提供的材料。

消防机构自受理消防验收申请之日起20日内组织消防验收并出具消防验收意见。对综合评定结论为合格的建设工程，消防机构应当出具消防验收合格意见；

对综合评定结论为不合格的，应当出具消防验收不合格意见，并说明理由。

4.3.3 规划验收

规划验收条件：建设工程建成后，项目建设单位委托有资质的测绘机构测绘并出具《建设工程竣工测量成果报告书》；室外道路管网园林绿化已完成；需要消防验收的工程消防主管部门已出具消防工程验收意见书。

规划验收程序：

（1）项目建设单位按照建设工程规划许可证证件批准的内容，全面完成各项建设之后填写《建设工程规划验收申请表》，按规定向规划行政主管部门申请规划验收。

（2）规划监督人员在施工现场进行查验，经验收合格的，规划行政主管部门核发建设工程规划检验意见。

TIPS 规划验收注意事项

（1）建筑物位置、立面、高度、层数、面积、色彩、使用功能要符合建设工程规划许可要求。

（2）用地范围内应拆除的建筑物、构筑物或者临时设施已经拆除。

（3）总平景观图纸应与规划部门认可的总平图相符。

（4）项目建设单位管理人员在项目实施过程中，要时刻注意相关工作（不仅限于规划批复内的项目）是否符合规划要求。

4.3.4 人防验收

人防验收条件：地下人防工程已完成通风、灯具、人防门安装并自检合格。如人防工程室外口及“三防设备”不具备条件，可出具缓建证明及暂不安装证明。

人防验收程序：项目建设单位组织竣工验收，提前7天书面通知当地人防工程质量监督机构或人民防空主管部门参与监督，验收合格后15天内向工程所在地人民防空主管部门备案。

TIPS　人防工程验收注意事项

总承包单位在进行人防地下室主体结构施工时，应请人防办工作人员在底板钢筋绑扎完成后、剪力墙钢筋绑扎完成后、顶板钢筋绑扎完成后、主体工程施工完成后，分4次到现场进行检查并完成相关资料收集，以备最后的人防工程验收使用。

4.3.5　室内环境检测

室内环境检测验收条件：

（1）以室内装饰完成设计内容，项目建设单位委托有资质的环境检测机构检测。

（2）室内环境中游离甲醛、苯、氨、总挥发性有机化合物浓度检测时，采用集中空调的建筑工程应在空调正常运转条件下进行；采用自然通风的建筑工程，检测应在对外门窗关闭1小时后进行。

（3）室内环境中氡浓度检测时，采用集中空调的应在空调正常运转条件下进行；对采用自然通风的，检测应在对外门窗关24小时后进行。

室内检测验收程序：项目建设单位委托有资质环境检测机构现场检测，出具《室内环境污染物浓度检测报告》。

4.3.6　建筑节能检测

建筑节能验收条件：

（1）承包单位已完成施工合同内容且各分部工程验收合格。

（2）外窗气密性现场实体检测应在监理（建设）人员见证下取样，委托有资质的检测机构实施。

（3）采暖、通风与空调、配电与照明工程安装完成后，应进行系统节能性能的检测，且应由项目建设单位委托具有相应检测资质的检测机构检测并出具检测报告。

建筑节能检测内容主要包括：保温系统主要组成材料性能；外墙保温系统性能；建筑外门窗；采暖居住建筑节能检验；建筑节能工程现场检验。

建筑节能验收程序：

（1）项目建设单位应组织设计、施工、监理单位对节能工程进行专项验收，并对验收结果负责，提前3天通知当地节能办到场监督。

（2）验收合格后10个工作日内办理备案，备案时项目建设单位需提交以下材料：民用建筑节能备案表、节能专项验收报告、新型墙体材料专项基金缴纳凭证、新型墙体材料认定证书复印件。

TIPS　相关检测费用支付

根据《建设工程质量检测管理办法》（建设部令141号），施工过程中工程质量检测由项目建设单位直接委托，费用由项目建设单位支付。鉴于部分工程质量检测的次数、费用等，项目建设单位专业知识无法准确预计，为降低风险，项目建设单位可在招标文件、工程合同中约定，施工单位在投标报价中，应充分考虑到工程检测和试验的相应费用，并在施工过程中支付实际发生的检验和试验项目的相应费用（含国家规定的应由项目建设单位委托检测和试验产生的费用）。

4.3.7　供电验收

供电验收条件：施工、供货单位，按照供电部门审核的设计图纸施工完成内容并自检合格；签订《供电用电合同》。

供电验收程序：项目建设单位向当地供电部门提出验收申请，由供电部门安排验收。

只有通过供电验收才能申请供电。

TIPS：供电工程实施要点

供电工程专业性强，供电方案与工程造价紧密相连，且不同方案间造价往往相差很大。建议：项目建设单位在项目申报阶段，要根据电力管理权限，咨询相应电力管理部门，确定供电方案，并在设计、招标等阶段，积极听取电力管理部门的工作建议。

4.3.8 供水验收

供水验收条件：中水设施已联合调试、运转正常，给水系统管道已安装完成并以冲洗和消毒；项目建设单位委托有资质的水样检测部门取样检验，并出具《水质检测报告》；签订《供水用水合同》。

供水验收程序：由项目建设单位向当地供水管理部门申请验收，验收合格后方可申请供水。

4.3.9 防雷装置验收

防雷装置验收条件：屋面、幕墙金属门窗避雷系统完成设计内容，并自检合格；建设单位委托相应资质防雷检测单位出具的检测报告。

防雷验收程序：

（1）完成防雷检测向当地气象部门申请验收，申请材料包括防雷装置竣工验收申请表、防雷装置设计核准书、防雷工程专业施工单位和人员的资质证和资格证书、省（自治区、直辖市）气象主管机构认定防雷装置检测资质的检测机构出具的《防雷装置检测报告》、防雷装置竣工图等技术资料、防雷产品出厂合格证、安装记录和有国家认可防雷产品检测机构出具的测试报告。

（2）经验收合格后颁发《防雷装置验收合格证》。

4.3.10 无障碍设施验收

无障碍设施验收条件：完成设计图纸无障碍设施内容并自检合格。

无障碍设施验收程序：项目建设单位在组织建设工程竣工验收时，应当同时对无障碍设施进行验收。未按规定进行验收或者验收不合格的，建设行政主管部门不办理竣工验收备案手续。

4.3.11 工程档案预验收

工程档案预验收条件：承包单位已完成图纸和施工合同内容，且各分部工程验收合格，按要求工程资料（含竣工图）收集、整理准确、完整。

工程档案预验收程序：

（1）项目建设单位、监理单位、总包单位按照归档分工分别编制《基建文件卷》《监理文件卷》及《施工文件卷》。各分包单位编制各自合同范围内工程内容的《施工文件卷》，提交总包单位汇总。其中，竣工图由总包单位绘制或项目建设单位另行委托其他单位完成。

（2）项目建设单位汇总各单位资料形成初步的《建设工程竣工档案》，在组织竣工验收前提请城建档案馆对工程档案进行预验收，并出具《建设工程竣工档案预验收意见》。

TIPS　档案预验收工作要点

（1）列入城建档案管理部门档案接收范围的工程，项目建设单位在组织单项工程竣工验收前，应提请城建档案管理部门对工程档案进行预验收。项目建设单位未取得城建档案管理部门出具的认可文件，不得组织工程竣工验收。

（2）工程档案预验收重点。工程档案分类齐全、系统完整；工程档案的内容真实、准确地反映工程建设活动和工程实际状况；工程档案已整理立卷，且符合《建设工程文件归档整理规范》规定；竣工图绘制方法、图式及规格等符合专业技术要求，图面整洁，盖有竣工图章；文件形成、来源符合实际，要求单位或个人签章的文件，其签章手续完备；文件材质、幅面、书写、绘图、用墨、托裱等符合要求。

实践中，竣工图编制问题较多，项目建设单位应重点把握以下几点：完整、准确、清晰、规范，真实反映项目竣工验收时的实际情况；按施工图施工没有变动的，由竣工图编制单位在施工图上加盖并签署竣工图章；一般性图纸变更及符合杠改或划改要求的变更，可在原图上更改，加盖并签署竣工图章；涉及结构形式、工艺、平面布置、项目等重大改变及圈面变更面积超过35％的，应重新绘制竣工图，重绘图按原圈编号，末尾加注“竣”字，或在新图图标内注明“竣工阶段”。

（3）列入城建档案管理部门接收范围的工程，项目建设单位在工程竣工验收后3个月内向城建档案管理部门移交一套符合规定的工程档案。

4.4　农业重大科研设施单项工程验收

农业重大科研设施项目建设单位在接到施工单位发出交工通知后，依据设计文件制订计划，并组织各单位工程的设计、施工、监理、供货等单位参加，按照职责分工履行各自验收责任，主要验收工程质量、隐蔽工程验收资料、关键部位施工记录、按图施工情况、有无漏项等。单项工程验收中发现问题由相关设计单位提出处理意见，相关施工、设计、监理和供货等单位负责整改落实。

农业重大科研设施可能是一个单项工程，也有可能是几个单项工程。各单项工程可以逐项验收，陆续投入使用；也可以合并验收，验收通过后一起投入使用。原则上，以一个总承包单位为一个验收单元，如果几个单项工程分别有不同总包施工，但进度基本一致，也可以合并验收，但应分别形成验收资料。全部单项工程验收合格后，方可开展初步竣工验收和竣工验收工作。

单项工程竣工验收的条件：

（1）已完成设计文件和合同约定的内容。

（2）已经建设（监理）、设计、勘察、施工等单位共同预验收，存在的问题已整改到位。

（3）涉及设计文件的变更，已由设计部门签署认可文件，其中重大变更已经图审机构审查通过。

（4）施工单位对工程质量进行了检查，确认工程质量符合有关法律法规和工程建设强制性标准，已提出工程竣工报告。

（5）监理单位对工程进行了评估，具有完整的监理资料，并已提出工程质量评估报告。

（6）勘察设计单位对勘察、设计文件及施工过程中由设计单位签署的设计变更进行了检查，并提出质量检查报告。

（7）工程质量控制资料（包括桩机、钢结构、幕墙、装修、安装、节能等）已经建设（监理）单位核查并符合要求。

（8）工程安全和功能检验资料已经建设（监理）单位核查并符合要求。

（9）专业工程（桩基、地下防水、钢结构、幕墙、安装工程）已按要求办理完相关专业验收手续。

（10）专业验收已完成。

（11）竣工图及工程竣工资料已整理归档。

单项工程竣工验收程序：项目建设单位负责组织验收组开展竣工验收工作，当地建设工程质量安全监督站实施监督。具体程序如下。

（1）验收组对工程质量、施工资料以及使用功能分别进行检查。

（2）对竣工验收情况进行汇总讨论，形成综合验收结论，填写竣工验收记录，验收组人员分别签字、单位盖章。

（3）当在验收过程中发现严重问题，达不到竣工验收标准时，验收组将责成责任单位立即整改，并宣布本次验收无效，重新确定时间组织验收。

（4）竣工验收过程中发现需要整改的，一般的质量问题验收组可形成初步验收意见，填写竣工验收记录，验收组人员分别签字，但各单位不加盖公章，验收组责成有关责任单位整改并委托建设单位、监理单位、项目负责人组织复查，整改完毕符合要求后，加盖各单位公章。

工程竣工验收合格之日起15天内，应向备案部门办理竣工验收备案。

办理竣工验收备案所需的材料：

（1）工程竣工验收备案表原件，备案表可从备案部门网站下载。

（2）工程竣工验收备案文件。工程竣工验收报告原件、工程施工许可证复印件、单位工程质量综合验收文件原件、备案机关认为需要提供的有关资料如工程规划许可证，法律、行政法规规定应当由规划部门出具的认可文件或者准许使用文件（建设工程规划验收合格通知书）、法律规定应当由消防部门出具的工程验收合格证明文件（消防工程消防验收意见书）、施工单位签署的工程质量保修书、法律法规规定提供的其他文件、法人委托书和法定代表人身份证明原件，部分地区还须提供工程款支付证明。

工程竣工验收组成员：项目建设单位（项目）负责人，施工（含分包单位）、设计、监理等单位（项目）负责人以及相关单位的技术、质量负责人，验收组成员中土建、水电及其他安装专业方面的人员配齐。

工程竣工验收标准为国家工程建设强制性标准，现行施工验收规范及相关标准，经审查通过的设计文件以及有关的法律、法规、规章和规范性文件规定。

TIPS　建设工程竣工联合验收

近年来，按照国务院统一部署，为提高工程竣工验收效率，部分地区实行了建设工程竣工联合验收制度。从北京市部分工程项目建设单位反映的情况看，在信息提交环节确实便利了不少，但同时增加了项目建设单位的工作协调量。

北京市建设工程竣工联合验收办理指南：

（1）办理时限。7个工作日。

（2）收费标准。不收费。

（3）适用范围。由市区两级建设行政主管部门核发施工许可的建设项目，建设单位自愿申请参加。

（4）必备条件。按照规划许可文件要求完成建设，具备工程竣工验收条件，具备消防验收条件，特种设备完成使用登记，具备人防工程竣工验收条件，给水、排水、电力、燃气、供热按要求完工，道路、管线按设计要求完成，档案资料整理完毕，其他事项具备验收条件。

（5）办理方式。联合验收依托网络平台，实行全程网上办理；建设单位网上申请，建设工程信息共享；建设单位提交联合验收申请后，各专项验收管理部门或市政服务企业按照法律法规、标准规范、设计文件等规定，对工程项目进行资料审查和实体验收。

（6）办理部门。牵头单位是市区两级住房城乡建设委，区住房城乡（市）建设委在市住房城乡建设委指导监督下开展工作；验收单位有市区两级的规划自然资源部门、城建档案管理部门、住房城乡建设部门、市场监督管理部门、民防部门、水务部门、档案部门以及自来水、排水、热力、燃气、电力等专业服务企业。

（7）联合验收。在工程联合验收期间，负责监督该工程的市区住建部门牵头其专项验收管理部门和市政服务企业开展资料审核和实体验收工作，并在7个工作日内出具验收意见。

（8）联合验收意见通知书。对于通过联合验收的项目，系统会自动生成带电子印章的联合验收意见通知书，建设单位可凭此办理不动产登记或房屋销售手续。

《中华人民共和国合同法》第279条规定，建设工程竣工后，发包人应当根据施工图纸及说明书、国家颁发的施工验收规范和质量检验标准及时进行验收。验收合格的，发包人应当按照约定支付价款，并接收该建设工程。建设工程竣工验收合格后，方可交付使用；未经验收或者验收不合格的，不得交付使用。

4.5 农业重大科研设施初步竣工验收

农业重大科研设施初步竣工验收是基本建设程序中的重要环节，也是竣工验收前一次全面演练。初步验收重点是审核项目建设整体管理情况，主要包括项目建设总体完成情况、执行法律法规情况、工程质量与安全、资金使用与竣工决算、档案资料以及其他需要验收内容。通过项目初步竣工验收，考核项目工程设计、工程施工、仪器设备制造与安装的质量，初步评价建设项目决策水平和项目建设管理水平，为后续项目竣工验收打好基础。

农业重大科研设施初步竣工验收是由项目建设单位组织对项目建设全过程进行的一次综合梳理和检查。

农业重大科研设施初步竣工验收前，项目建设单位需要组织完成项目竣工财务决算并聘请会计师事务所开展审核。竣工财务决算与审核有关要求，详见《基本建设项目竣工财务决算管理暂行办法》（财建〔2016〕503号）。

4.5.1 农业重大科研设施档案验收

项目档案是在项目建设和管理过程中形成的、具有保存价值的各种形式的历史记录。项目档案整理与归档工作十分重要，农业重大科研设施档案收集内容与整理需按照《国家重大建设项目文件归档要求与档案整理规范（DA/T 28—2002）》要求执行。

项目档案验收不同于专项验收部分的工程档案验收，其覆盖范围更广，是项目竣工验收的重要组成部分。对于农业重大科研设施而言，档案验收是项目验收的前置条件，未经档案验收或档案验收不合格的，不得进行或通过项目竣工验收。

项目档案验收前，项目建设单位应向项目档案验收组织单位报送档案验收申请报告，并填报《重大建设项目档案验收申请表》。项目档案验收组织单位应在收到档案验收申请报告的10个工作日内做出答复。

农业重大科研设施项目申请档案验收应具备的条件：

（1）项目主体工程和辅助设施已按照设计建成，能满足生产或使用的需要。

（2）项目试运行指标考核合格或者达到设计能力。

（3）完成了项目建设全过程文件材料的收集、整理与归档工作。

（4）完成项目建设主管部门竣工备案。

（5）完成项目属地城建档案馆备案移交。

（6）基本完成了项目档案的分类、组卷、编目等整理工作。

农业重大科研设施项目档案验收申请报告的主要内容：

（1）项目建设及项目档案管理概况。

（2）保证项目档案的完整、准确、系统所采取的控制措施。

（3）项目文件材料的形成、收集、整理与归档情况，竣工图的编制情况及质量状况。

（4）档案在项目建设、管理、试运行中的作用。

（5）存在的问题及解决措施。

农业重大科研设施档案验收组织：按照项目验收权限，应由国家发展改革委组织验收的项目，国家档案局组织项目档案验收；国家发展改革委委托中央主管部门（含中央管理企业，下同）、省级政府投资主管部门组织验收的项目，由中央主管部门档案机构、省级档案行政管理部门组织项目档案验收，验收结果报国家档案局备案。

农业重大科研设施档案验收组组成：

（1）国家档案局组织的项目档案验收，验收组由国家档案局、中央主管部门、项目所在地省级档案行政管理部门等单位组成。

（2）中央主管部门档案机构组织的项目档案验收，验收组由中央主管部门档案机构及项目所在地省级档案行政管理部门等单位组成。

农业重大科研设施档案验收组人数为不少于5人的单数，组长由验收组织单位人员担任。必要时，可邀请有关专业人员参加验收组。

农业重大科研设施项目档案验收要求：

（1）项目档案验收以验收组织单位召集验收会议的形式进行。

（2）项目档案验收组全体成员参加项目档案验收会议，项目的建设单位（法人）、设计、施工、监理和生产运行管理或使用单位的有关人员列席会议。

（3）验收组检查项目档案，采用质询、现场查验、抽查案卷的方式，抽查重点为项目前期管理性文件、隐蔽工程文件、竣工文件、质检文件、重要合同、协议等。验收组根据DA/T 28—2002《国家重大建设项目文件归档要求与档案整理规范》，对项目档案完整性、准确性、系统性进行评价。形成档案验收意见。

项目档案验收意见的主要内容：

（1）项目建设概况。

（2）项目档案管理情况，包括：项目档案工作的基础管理工作，项目文件材料的形成、收集、整理与归档情况，竣工图的编制情况及质量，档案的种类、数量，档案的完整性、准确性、系统性及安全性评价，档案验收的结论性意见。

（3）存在问题、整改要求与建议。

农业重大科研设施项目档案验收结果：

项目档案验收组半数以上成员同意通过验收的为合格。项目档案验收合格的项目，由项目档案验收组出具项目档案验收意见。

项目档案验收不合格的项目，由项目档案验收组提出整改意见，要求项目建设单位（法人）于项目竣工验收前对存在的问题限期整改，并进行复查。复查后仍不合格的，不得进行竣工验收，并由项目档案验收组提请有关部门对项目建设单位（法人）通报批评。

造成档案损失的，应依法追究有关单位及人员的责任。

4.5.2　农业重大科研设施初步竣工验收报告

农业重大科研设施初步竣工验收报告是初步竣工验收专家组对照项目档案，并结合现场考察情况，对项目完成情况进行的全面总结与评价。对于实际完成的内容与规模，与批复相比调整幅度超过10%的，应说明原因，并提出专家建议与意见。

农业重大科研设施初步竣工验收合格后，项目建设单位应在15个工作日内向上级有关部门（单位）提出项目竣工验收申请报告。竣工验收申请报告应依照验收条件对项目实施情况进行分类总结，并附初步竣工验收结论意见、工程竣工决算、竣工财务决算审核报告。竣工验收申请报告应规范、完整、真实，装订成册。

4.6　农业重大科研设施项目竣工验收

项目竣工验收是对项目建设的全面总结与评价，也是尽快发挥建设投资效益的关键一环。农业重大科研设施初步竣工验收和竣工验收主要区别在于验收主体不同，项目初步竣工验收一般由项目建设单位组织，是竣工验收前对项目全过程进行的一次综合性梳理和检查；项目竣工验收是由项目下达部门或委托建设单位主管部门对项目进行的全面、整体验收。

农业重大科研设施项目竣工验收的条件：

（1）完成批准的项目可行性研究报告、初步设计和投资计划文件中规定的各项建设内容。

（2）系统整理所有技术文件材料并分类立卷，技术档案和施工管理资料齐全、完整，包括：项目审批文件和年度投资计划文件，设计（含工艺、设备技术）、施工、监理文件，招投标、合同管理文件，基建财务档案（含账册、凭证、报表等），工程总结文件，勘察、设计、施工、监理等单位签署的质量合格文件，施工单位签署的工程保修证书，工程竣工图。

（3）土建工程已完成各项专项验收、单位工程竣工验收（四方验收），工程质量经当地建设工程质量监督机构备案。

（4）主要工艺设备及配套设施按批复的设计要求运行，购置的仪器设备经开箱验收合格、安装调试运行正常并能够达到项目设计目标。

（5）环境保护、劳动安全卫生及消防设施已按设计要求与主体工程同时建成并经相关部门审查合格。

（6）编制了项目竣工财务决算，并经有资质的中介审计机构审核。

（7）项目档案验收合格。

（8）项目初步竣工验收合格。

农业重大科研设施项目竣工验收的主要内容：

（1）项目建设总体完成情况。建设地点、建设内容、建设规模、建设标准、建设质量、建设工期等是否按批准的可行性研究报告和初步设计文件建成。

（2）项目资金到位及使用情况。资金到位及使用是否符合国家有关投资、财务管理的规定，包括中央投资、地方配套及自筹资金到位时间、实际落实情况，资金支出及分项支出范畴及结构情况，项目资金管理情况（包括专账独立核算、入账手续及凭证完整性、支出结构合理性等），材料、仪器、设备购置款项使用及其他各项支出的合理性。

（3）项目变更情况。项目在建设过程中是否发生变更，是否按规定程序办理报批手续。

（4）施工和设备到位情况。各单位工程和单项工程验收合格纪录，包括建筑施工合格率和优良率，仪器、设备安装及调试情况，生产性项目是否经过试产运行，有无试运转及试生产的考核、记录，是否编制各专业竣工图。

（5）执行法律、法规情况。环保、劳动安全卫生、消防等设施是否按批准的设计文件建成，是否合格，建筑抗震设防是否符合规定。

（6）投产或者投入使用准备情况。组织机构、岗位人员培训、物资准备、外部协作条件是否落实。

（7）竣工决算情况。是否按要求编制了竣工决算，出具了合格的审计报告。

（8）档案资料情况。建设项目批准文件、设计文件、竣工文件、监理文件及各项技术文件是否齐全、准确，是否按规定归档。

（9）项目管理情况及其他需要验收的内容。

农业重大科研设施竣工验收程序与组织：

（1）主管部门在收到项目竣工验收申请报告后，根据验收权限确定是本部门（单位）还是再向上级部门（单位）申请。在申请竣工验收时除申请文件外，还应附项目报告、财务决算表、审核报告和其他相关附件。负责竣工验收的部门（单位）对具备竣工验收条件的项目，经审核材料合格后，组织专家进行竣工验收。

（2）项目竣工验收组由验收组织单位、相关部门及工艺技术、工程技术、基建财会等方面的专家组成，成员人数为5人以上（含5人）单数，其中，工程、技术、经济等方面的专家不得少于成员总数的2/3。验收专家组可根据项目规模和复杂程度分成工程、投资、工艺、财会等验收小组，分别对相关内容进行验收。项目建设单位、使用单位、施工单位、勘察设计、工程监理等单位应当配合做好验收工作。

（3）验收组听取各有关单位项目建设工作报告，查阅工程档案、财务账目及其他相关资料，实地查验建设情况，充分研究讨论，对工程设计、施工和工程质量等方面做出全面评价。

验收组通过对项目全面检查和考核，与建设单位交换意见，对项目建设科学性、合理性、合法性做出评价，形成竣工验收报告，填写竣工验收表。

（4）竣工验收报告由以下主要内容组成，包括项目概况，资金到位、使用及财务管理情况，土建及田间工程情况，仪器设备购置情况，制度建设、操作规程及档案情况，项目实施与运行情况，项目效益与建设效果评价，存在的主要问题，验收结论与建议。

（5）项目竣工验收通过后，竣工验收组织部门向项目建设单位发放项目建设合格证。

4.7 农业重大科研设施竣工财务验收

农业重大科研设施竣工验收后，项目建设单位需要按照审批权限向上级财政部门和项目主管部门申请竣工财务验收。财政部门和项目主管部门对竣工财务决算实行先审核、后批复的工作机制。

财政部对授权主管部门批复的中央项目竣工财务决算实行抽查制度。

4.7.1 农业重大科研设施竣工财务验收条件

（1）项目建设单位完成各项账务处理及财产物资的盘点核实，做到账账、账证、账实、账表相符。

（2）项目建设单位完成项目竣工财务决算的编制。

（3）第三方专业机构对项目竣工财务决算出具了审核意见。

4.7.2 农业重大科研设施竣工财务验收主要依据

（1）国家有关建设项目法律法规。

（2）《基本建设财务规则》（财政部令第81号）。

（3）《基本建设项目竣工财务决算管理暂行办法》（财建〔2016〕503号）。

（4）《基本建设项目建设成本管理规定》（财建〔2016〕504号）。

（5）项目相关材料，包括经批准的项目可行性研究报告、初步设计、概算及概算调整文件；招标文件及招标投标书，施工、代建、勘察设计、监理及设备采购等合同，政府采购审批文件、采购合同；历年下达的项目年度财政资金投资计划、预算；工程结算资料；有关的会计及财务管理资料；其他有关资料等。

4.7.3 农业重大科研设施竣工财务验收主要内容

（1）工程价款结算是否准确，是否按照合同约定和国家有关规定进行，有无多算和重复计算工程量、高估冒算建筑材料价格现象。

（2）待摊费用支出及其分摊是否合理、正确。

（3）项目是否按照批准的概（预）算内容实施，有无超标准、超规模、超概（预）算建设现象。

（4）项目资金是否全部到位，核算是否规范，资金使用是否合理，有无挤占、挪用现象。

（5）项目形成资产是否全面反映，计价是否准确，资产接受单位是否落实。

（6）项目在建设过程中历次检查和审计所提的重大问题是否已经整改落实。

（7）待核销基建支出和转出投资有无依据，是否合理。

（8）竣工财务决算报表所填列的数据是否完整，表间勾稽关系是否清晰、正确。

（9）尾工工程及预留费用是否控制在概算确定的范围内，预留的金额和比例是否合理。

（10）项目建设是否履行基本建设程序，是否符合国家有关建设管理制度要求等。

（11）决算内容和格式是否符合国家有关规定。

（12）决算资料报送是否完整、决算数据间是否存在逻辑错误。

（13）相关主管部门或者第三方专业机构是否出具审核意见。

4.7.4 农业重大科研设施竣工财务验收要点

（1）待摊投资支出应当分摊计入相关资产价值的各项费用和税金支出，主要包括：勘察费、设计费、研究试验费、可行性研究费及项目其他前期费用；土地征用及迁移补偿费、土地复垦及补偿费、森林植被恢复费及其他为取得或租用土地使用权而发生的费用；土地使用税、耕地占用税、契税、车船税、印花税及按规定缴纳的其他税费；项目建设管理费、代建管理费、临时设施费、监理费、招标投标费、社会中介机构审查费及其他管理性质的费用；项目建设期间发生的各类借款利息、债券利息、贷款评估费、国外借款手续费及承诺费、汇兑损益、债券发行费用及其他债务利息支出或融资费用；工程检测费、设备检验费、负荷联合试车费及其他检验检测类费用；固定资产损失、器材处理亏损、设备盘亏及毁损、报废工程净损失及其他损失；系统集成等信息工程的费用支出；其他待摊投资性质支出。

项目单项工程报废净损失计入待摊投资支出。

项目在建设期间建设资金存款利息收入冲减债务利息支出，利息收入超过利息支出部分，冲减待摊投资总支出。

（2）项目建设管理费，主要用于：不在原单位发工资的工作人员的工资及相关费用、办公费、办公场地租用费、差旅交通费、劳动保护费、工具用具使用费、固定资产使用费、招募生产工人费、技术图书资料费（含软件）、业务招待费、施工现场津贴、竣工验收费和其他管理性质开支。

严格执行《党政机关厉行节约反对浪费条例》，严格控制项目建设管理费。

施工现场管理人员津贴标准比照当地财政部门制订的差旅费标准执行；一般不得发生业务招待费，确需列支的，项目业务招待费支出应当严格按照国家有关规定执行，并不得超过项目建设管理费的5%。

实行代建制管理的项目，一般不得同时列支代建管理费和项目建设管理费，确需同时发生的，两项费用之和不得高于项目建设管理费限额。代建管理费核定和支付应当与工程进度、建设质量结合，与代建内容、代建绩效挂钩，实行奖优罚劣。同时满足按时完成项目代建任务、工程质量优良、项目投资控制在批准概算总投资范围3个条件的，可以支付代建单位利润或奖励资金，代建单位利润或奖励资金一般不得超过代建管理费的10%，需使用财政资金支付的，应当事前报同级财政部门审核批准；未完成代建任务的，应当扣减代建管理费。

（3）项目竣工财务决算及审核工作符合规定。农业重大科研设施完工可投入使用或者试运行合格后，应当在3个月内编报竣工财务决算，特殊情况确需延长的，不得超过6个月。

项目竣工财务决算内容主要包括：竣工财务决算说明书、竣工财务决算审核报告与审核表、竣工财务决算报表以及相关资料。

①竣工财务决算说明书主要包括以下内容：项目概况；会计账务处理、财产物资清理及债权债务的清偿情况；项目建设资金计划及到位情况，财政资金支出预算、投资计划及到位情况；项目建设资金使用、项目结余资金分配情况；项目概（预）算执行情况及分析，竣工实际完成投资与概算差异及原因分析；尾工工程情况；历次审计、检查、审核、稽查意见及整改落实情况；主要技术经济指标的分析、计算情况；项目管理经验、主要问题和建议；预备费动用情况；项目建设管理制度执行情况、政府采购情况、合同履行情况；征地拆迁补偿情况、移民安置情况；需说明的其他事项。

②项目竣工决算审核报告内容应当翔实，主要包括：审核说明、审核依据、审核结果、意见、建议。

③项目竣工财务决算报表和审核表，详见《基本建设项目竣工财务决算管理暂行办法》。

④相关资料主要包括：项目可行性研究报告以及批复文件、初步设计以及批复文件、概算调整批复文件的复印件；项目历年投资计划及财政资金预算下达文件的复印件；审计、检查意见或文件的复印件；其他与项目决算相关的资料。

4.7.5 农业重大科研设施竣工财务验收后续工作

（1）及时办理资金清算和资产交付手续，并依据项目竣工财务决算批复意见办理产权登记和有关资产入账或调账。

（2）使用项目资金购买的车辆、办公设备等自用固定资产，项目完工时按下列情况进行财务处理。

①资产直接交付使用单位的，按设备投资支出转入交付使用。其中，计提折旧的自用固定资产，按固定资产购置成本扣除累计折旧后金额转入交付使用，项目建设期间计提的折旧费用作为待摊投资支出分摊到相关资产价值；不计提折旧的自用固定资产，按固定资产购置成本转入交付使用。

②资产在交付使用单位前公开变价处置的，项目建设期间计提折旧费用和固定资产清理净损益（即公开变价金额与扣除所提折旧后设备净值之间的差额）计入待摊投资；不计提自用固定资产折旧项目，按公开变价金额与购置成本之间的差额作为待摊投资支出分摊到相关资产价值。

4.8 农业重大科研设施验收中常见问题及对策

4.8.1 验收组织

常见问题主要包括：项目尚未具备申请竣工验收条件；专项验收手续不完备；未进行初步验收；验收组成员组成不合理；验收程序和内容不规范；项目建设单位和设计、施工、监理等单位配合不到位；竣工验收申请文件未按要求进行上报。应对上述问题，一方面要加强项目管理人员业务培训，熟悉验收要求、验收环节、验收条件等内容；另一方面，要积极协调设计、监理、施工单位，并做好与上级主管部门的汇报沟通，确保验收各环节顺利进行。

4.8.2 验收内容

常见问题主要包括：擅自变更建设内容、建设规模和建设标准；工程实施管理不到位，中间验收、单项验收不规范；招投标制度执行不严格；合同签署不完整；法人责任制尚未落实；资金使用管理不规范；档案资料管理不完善。对此，须严格按照批复施工，按规范做好中间验收和单项工程验收。严格履行招标投标制、工程监理制、合同管理制以及法人责任制；严格执行建设资金专款专用、专账管理，加强内部资金拨付和监管；严格按照重大项目档案验收要求，健全档案管理制度，确保资料完整、规范。对于确需发生建设内容调整的，应履行相应决策程序或审批程序。

TIPS　暂估价招标

暂估价是否需要招标、如何招标？出于立场以及专业知识等方面的差异，导致实务中往往争议较多。

GB 50500—2013及2013版施工合同文本均规定，暂估价达到招标要求的，应进行招标。2013年国家发展改革委等7部委23号令《工程建设项目货物招标投标办法》第五条规定：工程建设项目实行总承包招标时，以暂估价形式包括在总承包范围内的货物属于依法必须进行招标的项目范围且达到国家规定规模标准的，应当依法组织招标。

GB 50500—2013和2013年国家发展改革委等7部委23号令规定由承包人与发包人共同组织招标，但合同文本GF—2013—0201约定优先采取由承包人单方组织招标，如果承包人也要参加暂估项目投标，那就由发包人组织招标。

应注意以下几点。

（1）承包人招标的，招标文件、投标控制价、评标办法、评标结果都要经发包人批准。

（2）发包人要参与评标。

（3）招标费用。承包人招标的，招标费由承包人承担（包含在总承包费中）；发包人招标的，由发包人承担。

（4）暂估价招标组织形式、招标方式等，需符合项目建设地有关管理部门、项目可行性研究报告批复等要求。

结合实践，建议在专用合同条款中对暂估价招标主体、发包人与承包人权责、招标组织形式、招标方式等予以约定。

案例　××××中心竣工验收概述

受农业农村部委托，农业农村部工程建设服务中心于2019年4月组织工程建设、工艺设备、基建财务、档案管理等相关领域的专家对项目建设单位验收申请报告进行审核。审核中发现，该项目存在部分单项工程有较大设计变更调整、使用原有设备替代部分批复购置设备、项目档案资料不全等问题。农业农村部要求项目建设单位进行整改并就有关情况进行说明。2020年2月，农业农村部工程建设服务中心再次组织专家对整改后的情况进行复审，审核认为项目整改到位，符合申请竣工验收条件。

一、审核情况

（一）总体情况

专家审核认为，项目基本完成批复建设内容，项目生物安全一、二级动物隔离实验室于2014年通过国家实验室认可，两个三级实验室于2017年通过中国合格评定国家认可委员会（CNAS）认可，并于2018年获取FAO/0IE国际组织牛瘟保藏机构牛瘟保藏资格，实现了设计功能要求；项目建设单位严格执行了项目法人责任制、合同制、招投标制和监理制，规范开展了项目招标采购；实际到位资金42 637万元，其中，中央资金41 639万元、自筹资金998万元，实际完成投资42 637万元，无结余资金；项目资金使用管理符合基建财务有关规定，使用方向与项目批复内容总体一致，做到了专账管理，专款专用。

（二）存在主要问题

1.关于项目变更调整

项目二级和三级动物隔离实验室、生物安全三级实验室完成面积比批复分别增加1 493.7平方米、3 234.05平方米和249.19平方米；将批复建设的宿舍楼2 957.8平方米、食堂635平方米、管理培训楼3 135.8平方米，合并建为管理培训楼6 676.08平方米；污水处理站建筑面积比批复增加92.6平方米、警卫值班室减少22.38平方米；用原有设备替代部分批复购置设备，调减2 566万元设备购置费用于其他建设内容。以上内容均未说明变动原因及履行报批程序。

2.关于设计功能实现

未见从事高致病性病原微生物实验活动的资格证书、两个三级实验室和实验室环境污染应急预案备案材料等。

3.关于工程建设管理

未见消防环保等专项验收报备文件、质量技术监督部门出具的电梯验收合格证明文件、生物安全一级动物隔离实验室等工程的勘察设计质量检查报告和监理单位工程质量评估报告、施工单位工程质量保修书等材料。工程结算审核报告中关于管理培训楼、变电所、动力站、警卫值班室等建筑面积与项目实施总结报告数据不一致。

4.关于基建财务管理

项目实际支出42 637万元，比概算批复总投资超出13万元；竣工财务决算报表反映项目无往来款项、无工程尾款，但尚余100万元资金未支付施工单位和设备供应商，已转出基建账户，在基本户核算管理。

5.关于档案资料管理

未见项目施工图、施工过程资料、工程监理资料和竣工图；个别卷存在文件分类错误情况。

二、整改情况

针对审核中发现的问题，项目建设单位立即组织对项目进行认真梳理和整改，对因国家建筑面积计算规范调整等原因造成的项目变更进行了说明；关于设计功能实现问题，对资格认定及备案有关事项进行了解释说明，符合相关要求；关于工程建设管理问题，出具了相关证明材料，并解释了数据误差原因；关于基建财务管理问题，对竣工决算报表和文字说明进行了修改，做到账表一致；按照基建档案管理和保存规范进行了重新梳理。

三、审核结论

专家复审后认为，该项目按照批复基本完成了工程建设内容，财务决算经专业审计，建设项目档案资料已分类立卷，实验室等单位工程及各类设施、设备运行正常，基本实现了预期目标，具备申请竣工验收条件。

案例　×××工程竣工财务决算审核概述

2012年5月，财政部投资评审中心对该项目竣工财务决算进行审核，提出审减投资399.68万元的评审意见。2016年10月，财政部根据《财政部关于印发<基本建设项目竣工财务决算管理暂行办法>的通知》（财建〔2016〕503号）有关规定，将该项目竣工财务决算退回，由原农业部进行审批。2018年3月，原农业部财会服务中心向项目建设单位提出对该项目投资审减事项初步复核意见。经项目建设单位多次补充并反馈意见、农业农村部财会中心组织专家论证及计划财务司同意，2019年3月农业农村部财会中心形成最终复核意见。主要包括以下方面。

1.科研楼工程造价

施工合同及招标文件中约定的“单项子目累计直接费用5 000元以上（不含5 000元）的增项变更洽商、减项变更洽商、暂估价材料、暂定项目调整，其他一律不调”，实际结算时计取5 000元以下的增项变更洽商、减项变更洽商等41.46万元，予以核减。

2.科研楼重新装修和完善

该项目科研楼工程于2003年11月26日通过四方验收合格并报北京市海淀区建设委员会备案后即投入使用。2004年项目建设单位以该楼内报告厅及展览厅装修式样和质量存在一定问题为由重新装修发生费用20.5万元；2004年以一楼会议室和会客室使用已磨损且原普通装修不满足使用要求为由重新装修发生费用13万元；2007年以该楼内展厅制作展板、完善装修为由发生费用45.4万元；2009年以外墙瓷砖粘贴、地下室墙面粉刷为由发生项目后期完善费用38万元，以上4项共计116.9万元应归入运行维修维护费用。根据《关于印发基本建设财务管理规定的通知》（财建〔2002〕394号）文件规定，已具备竣工验收条件项目，3个月内不办理竣工验收的，其费用不得从基建投资中支付。上述费用是在运行使用的几年中发生的，属于运行维修维护费用，予以核减。

3.温室完善补光系统和蔬菜树

温室工程于2003年建成并投入使用，2004年项目建设单位以开展蔬菜树等项目实验为由发生智能温室蔬菜树项目费用14.74万元，2008年以温室补光灯灯位太高且不能升降为由进行补光系统改造发生费用124.09万元，以上2项合计138.83万元，属于运行维修维护费用，予以核减。

4.人工气候室设备购置及安装费

2008年以人工气候室在运行过程中故障频发、不能达到设计要求为由，对其进行质量完善发生费用20万元，属于运行维护维修费用，予以核减。

5.出国考察费用

该项目2003年、2004年列支出国考察设备费用53.1万元，出国批件批复费用来源为自筹、自理，列入该项目支出依据不充分，予以核减。

6.墙体材料专项基金、散装水泥专项基金

审减“墙体材料专项基金28.75万元”和“散装水泥专项基金0.64万元”，理由是建设单位管理不善造成申报表丢失，导致暂付款不能退回。

5 农业重大科研设施绩效管理

绩效管理是由绩效目标管理、绩效运行跟踪监控管理、绩效评价实施管理、绩效评价结果反馈和应用管理四部分组成的有机衔接的系统工程。实施绩效管理是推进国家治理体系和治理能力现代化的内在要求。农业重大科研设施项目建设单位应牢固树立重绩效强管理理念，管好用好农业重大科研设施建设资金。

5.1 农业重大科研设施绩效管理概述

农业重大科研设施绩效管理是科研设施主管部门及相关单位依据项目功能定位设定绩效目标，运用科学评价方法，对照绩效评价标准，开展经济性、效率性和效益性评价，并将结果应用于改善农业重大科研设施建设的系统性、组织性、动态性的全过程活动。为此，本书将农业重大科研设施绩效管理划分为实施前绩效目标管理、实施阶段绩效运行监控、实施后绩效评价和成果应用4个阶段。

当前，我国加快推进预算绩效管理改革步伐。2018年，中共中央国务院印发《关于全面实施预算绩效管理的意见》，针对当前预算绩效管理存在的突出问题，以全面实施预算绩效管理为关键点和突破口，推进构建全方位、全过程、全覆盖的预算绩效管理体系。按照党中央、国务院决策部署，农业农村部大力推动各项管理制度和改革措施扎实落地，2019年印发《农业农村部预算绩效管理实施办法》，实行以结果为导向的农业投资管理新模式，绩效评价结果与预算安排和政策调整挂钩，形成“花钱必问效、无效必问责”的事前、事中、事后绩效管理闭环系统，覆盖绩效目标设定、绩效监控、绩效自评、第三方绩效评价、绩效评价结果应用等方面。

TIPS　农业农村部部门预算绩效管理概述

（1）绩效目标管理。目前，农业农村部实现了部门预算绩效目标管理全覆盖，绩效目标与预算同步申报、同步审核、同步批复机制的整体建立。一是按照财政部统一部署和具体要求，按照“谁申请资金、谁设定目标”的原则，遵循完整规范、指向明确、细化量化、合理可行的要求，对项目支出预算全面编制绩效目标及相应绩效指标。二是与预算会审工作同步，从科学性、合理性、合规性、可行性、指向性、可考核性，以及与所申请项目内容、实施期限、资金规模的匹配性等方面，对各单位编报的项目绩效目标进行审核，对发现的问题通知有关单位及时修改。三是在各单位编报的项目绩效目标基础上，汇总编制一级项目绩效目标和部本级二级项目目标，随同预算草案报财政部。四是根据财政部审核调整后批复的一级项目绩效目标，细化分解为各单位的二级项目绩效目标，随同各单位“二下”预算批复一并批复。五是各单位在年度预算执行过程中，因申请项目支出预算调剂而引起的绩效目标增补、调减、变更等，由相关单位根据要求同步提出申请，农业农村部同步予以审核处理。此外，根据财政部统一部署和农业农村部实际情况，提出下年度以部门为主体开展第三方绩效评价的重点项目（一级项目或二级项目）建议，随农业农村部“一上”建议一并报送财政部，并根据财政部审核确认意见在下达“一下”控制数时通知有关单位。部机关和派出机构采用政府购买服务方式实施的项目，在与承接主体洽商签订政府购买服务合同时，还要一并设置相应政府购买服务事项的绩效目标，确保符合指向明确、量化细化、合理可行等基本要求，与购买服务的内容和金额相匹配，与本司局相关项目支出预算的绩效目标及指标相衔接，并编制《政府购买服务绩效目标表》作为政府购买服务合同的必备附件。

（2）绩效监控管理。绩效监控是全过程预算绩效管理的必要环节，是保障绩效目标实现的机制性安排。自2018年起，农业农村部组织部机关和部属事业单位对所有部门预算项目开展绩效运行监控，对预算执行情况和绩效目标实现程度实施“双监控”，及时弥补管理中的“漏洞”，纠正绩效目标执行中的偏差。具体做法：一是要求各单位建立项目预算绩效运行跟踪监控机制，定期采集绩效运行信息并汇总分析，对绩效目标运行情况进行跟踪管理和监督检查。二是根据财政部统一部署和农业农村部实际情况，每年7月以司函明确开展上半年部门预算项目支出绩效监控工作的具体要求，组织各单位对纳入部门预算的所有项目支出预算的资金运行状况和绩效目标预期实现程度等开展绩效监控工作。三是各单位实事求是编制监控材料，项目主管司局审核后汇总编制相关项目的全口径绩效监控材料。四是委托部工程建设服务中心对材料完整性、形式合规性、数据可用性等进行初步审核，并邀请有关专家进行集中会审，汇总编制部一级项目绩效监控表、部本级二级项目绩效监控表和监控报告，并报送财政部。部机关和派出机构采用政府购买服务方式实施的项目，由购买主体按照政府购买服务有关规定和合同约定，自行组织承接主体开展绩效监控工作，并将绩效监控情况纳入购买主体相应项目的绩效监控材料中反映。

（3）绩效自评管理。绩效自评是资金使用单位对预算执行和绩效目标完成情况的信息反馈，相当于对国家战略目标和政策落实情况进行“自我体检”，有利于强化部门的绩效主体责任，促使预算资金使用结果从“报账单”向“成绩单”转变。目前，农业农村部绩效自评已经覆盖所有部门预算单位和预算项目。具体做法：一是每年1月以司函明确开展上年度自评工作的具体要求，组织各单位对照确定的绩效目标开展自评工作。二是各单位实事求是编制绩效自评表和自评报告等材料，项目主管司局审核后汇总编制相关项目的全口径绩效自评材料。三是委托部工程建设服务中心对材料完整性、形式合规性、数据可用性等进行初步审核，汇总编制部一级项目绩效自评表、部本级二级项目绩效自评表和自评报告。对于采用政府购买服务方式实施的项目，由购买主体按照政府购买服务有关规定和合同约定，自行组织承接主体开展绩效自评工作，并将绩效自评情况纳入购买主体相应的绩效自评材料中反映。

（4）第三方评价管理。近年来，财政部已经建立起重点绩效评价常态机制，每年选择党中央和国务院重视、社会关注度高、资金规模大、持续时间长的重点民生政策和重大专项支出，由财政部预算评审中心、财政部各地监管局组织第三方机构开展绩效评价。农业农村部根据财政部要求每年选取一至两个重点项目，通过政府购买服务的形式开展第三方绩效评价。

（5）评价结果应用。2018年，农业农村部首次针对海洋渔业与资源探捕项目开展绩效审计，绩效审计的结果作为以后年度预算安排的重要依据，对于一些超范围、超标准列支经费的项目，酌情扣减其以后的年度预算。目前已基本形成规范，具体做法：一是将项目绩效自评结果和第三方绩效评价结果报送财政部备案；二是主动向社会公开项目支出绩效自评结果和第三方绩效评价结果；三是向有关单位分解反馈评价中发现的问题、意见和建议，督促其改进和加强预算管理工作；四是将评价结果作为以后年度预算编制和安排的重要参考依据，及时调整和优化部门预算。

农业重大科研设施属性要求必须更加重视绩效管理工作。目前，农业重大科研设施相关绩效管理尚处于探索阶段，本书参考农业农村部部门预算绩效管理流程与做法，在项目资金申报环节明确绩效目标，做到细化量化、科学合理；项目执行过程中强化绩效监控，及时纠正实施过程中出现的偏差；项目实施后，组织开展农业重大科研设施绩效评价，实行绩效评价结果与预算安排和政策调整挂钩，不断提高建设资金使用效益。

5.2 农业重大科研设施绩效目标管理

绩效目标是指农业重大科研设施在一定期限内需要达到的产出和效果。推进绩效目标管理，有利于促进申请农业重大科研设施的部门和单位加强对项目建设前期论证，注重投入产出分析，明确经济效益、社会效益和生态效益，减少决策盲目性。

农业重大科研设施绩效目标应与项目建设单位功能定位和总体目标高度相关，并且是具体的、可衡量的、一定时期内可实现的。绩效目标主要通过总体目标和绩效指标来进行描述。其中，总体目标是对建设项目绩效目标的总体描述，项目建设单位根据其履行职能、发展事业需求，对所提出的农业重大科研设施建设完成后将要达到的产出和效果进行总体性描述。按照时效性，总体目标可分为中长期目标和年度目标。中长期目标是建设项目在跨预算年度多年的计划期内预期达到的产出和效果；年度目标是建设项目在一个预算年度内预期达到的产出和效果。绩效指标是对绩效内容的指标化分解，便于事中跟踪和事后评价。

农业重大科研设施绩效目标的管理主体包括投资主管部门和项目建设单位。其中，投资主管部门主要负责研究制订绩效目标管理有关制度，建立完善与绩效目标管理相匹配的专家库、中介机构人员库、绩效目标管理信息系统，审核并批复绩效目标。项目建设单位负责完成绩效目标设定、编制、申报、审核和汇总上报工作；按照投资主管部门下达、批复的审核意见，修正调整绩效目标，并组织完成绩效目标（图9）。

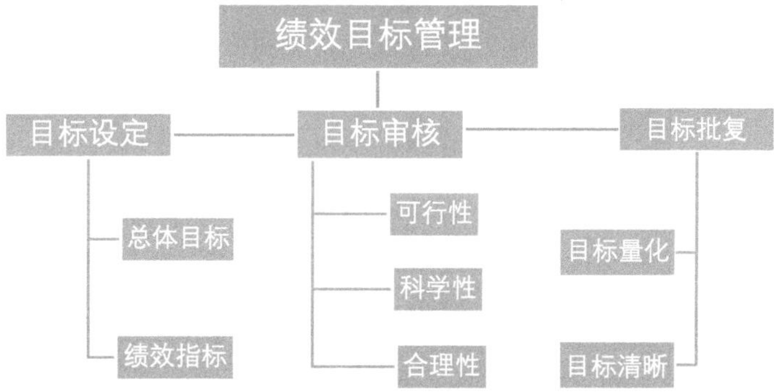

图9　绩效目标管理流程

5.2.1　绩效目标设定

科学、合理的项目支出绩效目标是设置绩效评价指标、选择评价方法和确定评价标准的重要基础，也是准确反映项目预算资金经济性、效率性和效益性的基本前提。也就是说，开展农业重大科研设施绩效评价的前提是确定项目的绩效目标。

农业重大科研设施建设主体根据职能定位、国民经济和社会发展规划，科学、合理地编制绩效目标，并与资金需求测算相匹配。编制完成后，向项目投资主管部门报送绩效目标。报送的绩效目标应与部门目标高度相关，并且是具体的、可衡量的、一定时期内可实现的。预算绩效计划要详细说明为达到绩效目标拟采取的工程程序、方式方法等，并具有明确的职责和分工。

农业重大科研设施绩效目标设定主要体现在项目可行性研究报告、实施方案、初步设计、施工图设计合同等成果文件中。政府在批复以上成果文件和入库审查时，也就同时批复或认可了相关绩效目标。各阶段成果文件涵盖了整个项目实施过程中建设规模、质量、成本计划、进度安排等各方面内容，但因为过于分散，不便于直接作为项目绩效考核的依据。因此，在进行农业重大科研设施绩效评价时，需要在绩效监测方案中集中编制农业重大科研设施各阶段绩效评价要参照的绩效目标。编制绩效目标主要包括设定绩效总目标、制订绩效指标、确定绩效指标值等工作内容。

农业重大科研设施绩效目标设定不同于一般科学研究，具有其特殊性，主要表现在正外部性和公共性，阶段性、周期性和结果难以衡量性。首先，农业重大科研设施投入的目标是为了满足社会对农业行业科研成果的需要。作为一个特殊的公共物品，具有强正外部性，其科研成果很重要的一部分体现在所取得的社会效益上。其次，农业受自然条件、气候等因素的影响，具有明显的季节性和周期性特点，针对农业科学研究必然遵循自然规律，亦呈现出阶段性和周期性。最后，农业科研领域成果形式是多样的，包括农产品、农业技术等，其成果产出受自然条件影响，通常需要长期的培养观察。所以，农业重大科研设施绩效目标的设定，需要全面考虑这些特殊性，科学合理地进行设置。

（1）绩效目标设立原则。

一是客观公正。评价指标应当尽可能地选取可量化的指标，减少主观性，从而保证绩效评价结果的客观性。对于推广效果等不好量化的指标，可以通过一些次精确方法测量，例如工作任务清单法，用清单方式罗列出工作任务，从数量、质量、成本和时效中选择最合适维度，根据维度构建相应指标。

二是全面性和科学性。农业重大科研设施绩效指标的制订要综合各项因素影响，对项目进行全面分析，以此体现科研设施的特点。所以，整个指标体系的设计与选择不仅要层层联系，还要全面反映科研设施建设综合情况，包括产出结果和管理过程、直接产出和间接产出、农业科技进步和科研设施本身对社会经济的贡献等。

三是定量与定性分析。农业科研领域成果产出既包括有形效益，如专利技术、发表论文数等可以进行量化并通过数学方法准确计算效益；也包括大量无法定量解决的无形效益，如社会效益、生态环境效益和其他无法准确计量的效益。这就需要用定性分析方法衡量项目效益。农业重大科研设施尤其注重社会与生态效益，评价指标应尽可能地进行量化处理，对于不可量化或不便于量化指标，要进行系统性定性分析。

四是经济效益、社会效益和生态效益相结合原则。农业重大科研设施是人才培养和科学研究的主阵地，是农业文化传承和传播的重要载体，与农民利益、农业生产与发展以及社会经济进步等有着密切联系。实施和建成后带来的诸多社会影响并不能进行直观衡量和评价。所以，农业重大科研设施绩效评价指标设定中，需要充分考虑各方面因素，对其隐藏的社会效益和生态效益进行深入挖掘，尽量提高指标覆盖范围，保证绩效评价全面与综合。

五是绩效相关。建立以绩效为导向的预算分配机制，将资金使用效果与资金分配挂钩，督促项目建设单位及项目主管部门切实承担起项目绩效管理责任。

（2）绩效目标内容。

农业重大科研设施绩效目标是指项目在一定期限内达到的产出和效果，包括数量目标、质量目标、时效目标、成本目标和效益目标5个方面。

数量目标是指农业重大科研设施竣工验收并运行一段时间后，能为项目实施范围内提供的公共产品和公共服务数量。

质量目标是指农业重大科研设施竣工验收后，被有关部门综合评定的质量等级，以及项目运行所能够提供产品或服务的质量水平，如某重大科研设施建成后质量目标为“优良”或“合格”等。

时效目标是指农业重大科研设施竣工验收或试运行的时间节点，一般为立项批复建设期限。项目主管部门在进行可行性研究报告批复时，会明确项目建设期限，但因后续还涉及初步设计批复及投资计划下达，项目执行开始期限一般自初步设计批复日或项目建设资金下达日起计算。

成本目标是指完成农业重大科研设施所需总成本，它是判断项目资金安排是否合理的重要依据，主要包括直接工程费和管理费用。一般成本目标为项目初步设计批复的总投资额。

效益目标是指农业重大科研设施建设完成后对整个社会所发挥作用，主要包括经济效益、社会效益、生态效益，可持续影响和社会公众或受益对象对项目满意程度。农业重大科研设施具有基础性和公益性特征，其效益目标主要体现在社会效益上，即对国家农业科技创新以及行业发展的推动作用上。

5.2.2　绩效目标审核

绩效目标审核是农业重大科研设施投资主管部门对项目建设单位报送的绩效目标进行审查核实，并将审核意见反馈给项目建设单位，指导其修改完善绩效目标的过程。按照“谁分配资金，谁审核目标”原则，绩效目标由负责农业重大科研设施立项批复的投资主管部门进行审核。根据工作需要，绩效目标审核也可由投资主管部门委托第三方机构进行审核。投资主管部门或委托的第三方机构依据国家政策、预算支出方向和重点、部门职能及事业发展规划等对项目建设单位提出的绩效目标进行审核，包括绩效目标与部门职能相关性、绩效目标实现所采取措施可行性、绩效指标设置科学性、实现绩效目标所需资金合理性和匹配性等。

绩效目标不符合要求的，项目投资主管部门应要求项目建设单位及时修改、完善。审核符合要求后，方可进入项目库，并进入下一步项目建设预算编审流程。

绩效目标审核的主要内容：

完整性：绩效目标的内容是否完整，绩效目标是否明确、清晰。

相关性：绩效目标的设定与项目建设单位职能、事业发展规划是否相关，是否对申报的绩效目标设定了相关联的绩效指标，绩效指标是否细化、量化。

适当性：资金规模与绩效目标之间是否匹配，在既定资金规模下，绩效目标是否过高或过低，或者要完成既定绩效目标，资金规模是否过大或过小。

可行性：绩效目标是否经过充分论证和合理测算，所采取的措施是否切实可行并能确保绩效目标如期实现，综合考虑成本效益是否有必要安排该项目建设资金。

5.2.3 绩效目标批复

按照“谁投资，谁批复”原则，项目投资主管部门在批复项目预算时，一并批复绩效目标。批复的绩效目标应当清晰、可量化，以便在资金执行过程进行监控和实施绩效评价时对照比较。

绩效目标确定后，项目建设单位应按照批复的绩效目标组织执行，并开展绩效监控、绩效自评和第三方评价。项目执行过程中，绩效目标一般不予调整。因特殊原因，确实需要调整的，应按照绩效目标管理要求和调整流程报批。

5.3 农业重大科研设施绩效运行监控

5.3.1 绩效运行监控的重要意义

《中共中央 国务院关于全面实施预算绩效管理的意见》要求各级政府和各部门各单位对绩效目标实现程度和预算执行进度实行“双监控”，发现问题要及时纠正，确保绩效目标如期保质保量实现。项目绩效运行监控是指项目建设单位或上级主管部门在项目实施阶段，根据项目预期目标，从经济效益和社会效益兼顾的整体角度对项目设计、计划、实施等环节进行全方位技术、经济、社会影响等监测、论证和评价，其目的是规范项目实施行为，避免出现偏差，确保项目能够实现预期目标。

根据《中共中央 国务院关于全面实施预算绩效管理的意见》，要构建全方位预算绩效管理格局，完善全流程绩效管理链条。农业重大科研设施绩效目标体系相对更加复杂，不但涵盖运维质量、公众满意度等与运行管理相关的绩效目标，还包含建设产出质量、进度控制、成本控制等与建设期过程管理相关的绩效目标。因此，项目实施期做好与建设相关的绩效目标运行监控是全流程绩效管理内容之一。此外，建设期绩效监测成果在农业重大科研设施后续工作中也发挥着重要作用，项目建设期绩效监测成果为项目中期评估和绩效评价等后续阶段绩效管理提供参考资料。

TIPS 为什么要进行建设期绩效监控？

项目建设期内有全过程工程监理和跟踪审计，项目实施结束后有竣工验收。那么为什么还要做建设期的绩效监测呢？

（1）建设期绩效监测与工程监理的区别。实践中，有人将建设期绩效监测理解为全过程工程监理，或者认为应该由监理单位承担建设期绩效监测具体工作，与监理工作合并实施。实际上，二者区别是显著的：一是对象不同，工程监理的直接对象是施工单位，监理结果虽然在一定程度上反映了项目建设过程中的质量、进度、成本控制情况和安全管理等情况，但建设期绩效监测直接监管的是项目建设单位或投资人，关注项目建设单位或投资人在建设管理过程中的综合管理表现。二者在某些情况下存在一定关联关系，但不能简单等同。此外，工程监理服务于项目法人，实践中由项目建设单位委托，而绩效监测服务于政府部门，属于政府购买服务行为。二是工作依据有差异，在相关法律法规和行业标准之外，监理工作主要依据是设计文件和施工承包合同等，建设期绩效监测依据是实施方案和项目合同。三是工作内容有区别，工程监理更加关注微观技术处理是否合规范、合标准的问题，建设期绩效监测将兼顾微观产出目标实现程度和项目建设单位综合管理效果，一般在建设期末会对整个项目建设期内相关绩效目标实现过程和结果做综合评估，多数情况下还需要对评估结果进行量化分析。

（2）建设期绩效监测与项目竣工验收的区别。有人认为，项目只要通过了竣工验收，即可正常进入运营期。从这一角度上看，似乎建设期绩效监测意义不大。实际上，二者既有联系也有差异。项目通过竣工验收只代表建设期末的一个阶段性结果，无法综合反映整个建设期内绩效目标实现过程的偏差及整改情况，更不能量化反映项目建设单位建设阶段的综合服务水平。例如，即使项目最终通过竣工验收，建设过程中是否发生过质量、安全事故，质量、进度和成本过程控制情况如何，是否存在成本超概和进度延误情况，日常管理、突发事件应急处理，对问题整改效果如何等。这些都需要由绩效监测机构结合建设期内项目建设单位综合管理表现做整体评估。从这点上看，竣工验收结果是需要纳入建设期绩效监测研究范围的内容之一，二者不存在替代关系。

5.3.2 绩效运行监控内容

农业重大科研设施绩效运行监控内容主要包括费用控制、进度控制、质量控制以及风险控制等。

费用控制：是指在批准预算条件下确保项目保质按期完成，也就是在项目投资形成过程中，对项目所消耗的人力资源、物质资源和费用开支进行指导、监督、调节和限制，及时纠正将发生和已发生偏差，把各项费用控制在计划投资范围之内，保证投资目标实现。实施过程中，一方面要严格控制项目建设内容变更，不得随意增加建设内容或提高建设标准；另一方面，出现费用偏差后，要及时分析原因，并采取有针对性的措施调整偏差。

进度控制：是指保证项目按照预先设定的期限完成项目各阶段任务，确保项目整体工作协调有序开展并得以如期完成。在项目进度监测评估中，管理者应明确计划进度关键时间节点，并对各个细分工作任务进行跟踪，将实际进展与计划进度进行比较，监控项目进展和预算执行情况。在监测过程中，一旦发现时间偏差，应认真分析其产生原因，评估其对后续工作产生的影响，制订出切实可行的调整措施。

质量控制：是指按照国家及地方现行质量标准体系，对项目建设质量进行持续监控的过程。质量监测和评估是质量管理体系的重要组成部分，也是保障项目建设质量的主要手段。开展质量监测和评估应具有持续性，需随着项目进程跟踪检测并记录项目执行活动的质量结果，分析造成项目低效和质量不佳问题及其原因，通过采取质量改进措施来提升项目品质。

风险控制：是指对项目风险状况进行持续监测评估并加以控制的过程，主要工作包括建立项目风险评估与控制制度，跟踪已识别风险，监视残余风险，识别新出现风险，完善风险管理计划，不断减轻风险等级，确保项目安全。

在进行绩效运行监控过程中，还要考虑安全管理、环境保护等因素。

农业重大科研设施绩效运行监指标，一般包括以下几个方面（表5）。

表5 农业重大科研设施绩效运行监控指标体系

一级指标	二级指标	指标说明
费用控制	资金管理	项目资金到位及完成情况
	资金使用	资金使用是否规范
	成本控制	建设成本控制情况、投资偏离情况
进度控制	进度计划与控制	项目建设进度计划情况、阶段性进度与计划进度偏差及整改情况
	进度完成情况	项目开工、关键节点完工、项目整体完工实际进度
质量控制	工程质量管理体系	是否建立完善的质量管理制度、质量控制措施
	工程实体质量	项目质量是否达到设计标准、是否符合法律法规和规范标准、工程竣工验收是否合格等
	质量事故情况	考核期内是否有质量事故发生及处置情况等

（续表）

一级指标	二级指标	指标说明
风险控制	风险识别	对项目实施存在的政策、法律、自然等各类风险识别情况
	风险对策	是否针对可能存在的风险制订出有效对策
安全管理	安全施工	是否建立完善的安全施工管理制度，安全培训记录情况等
	安全防范及事故处理	现场安全管理措施，对安全隐患的处理，对安全事故的应急处置等
环境保护	污染物控制	建设期间噪声、污水及建筑垃圾排放是否符合标准等
	环保事故及其他	建设期是否发生环保事故、因环保问题引发的投诉事件及其他公众事件等

绩效监控包括及时性、合规性和有效性监控。及时性监控重点关注实施进度、资金使用是否与计划时间节点一致；合规性监控重点关注相关预算管理制度落实情况、项目预算资金使用过程中的无预算开支、超预算开支、挤占挪用预算资金、超标准配置资产等情况；有效性监控重点关注项目执行是否与绩效目标一致、执行效果能否达到预期等。

5.3.3 项目建设期绩效运行监控实施

（1）绩效运行监控实施主体。项目建设单位在绩效运行监控过程中应发挥主要作用。农业重大科研设施可能涉及多个行业主管部门，需要组建由项目建设单位作为牵头单位、各相关部门参加的绩效监测工作组，共同领导和推进绩效监测工作，也可委托第三方专业机构负责绩效监控具体工作。

绩效监测工作组内部应建立定期或不定期的联席工作会议制度、成果联审制度等相关沟通协调机制，做好内部日常管理职责分工。

项目建设单位要树立全过程绩效监控理念，项目实施时刻围绕绩效目标开展。绩效监控应起始于项目执行阶段前期，一般在项目正式开工之前启动，项目建设完工之后结束。

（2）绩效运行监控主要方式。绩效监控一般采用目标比较法，用定量分析和定性分析相结合方式，将绩效实现情况与预期绩效目标进行比较，对目标完成、预算执行、组织实施、资金管理等情况进行分析评判。

绩效运行监控可以采取日常跟踪和阶段性总结分析相结合方式。日常跟踪是指项目建设单位在建设过程中，不定期对项目实施情况进行监督、检查活动。农业重大科研设施应实行全过程的日常监控，及时发现问题，及时进行调整与纠正。

阶段性总结分析指项目建设单位根据项目特点和绩效目标重要程度，结合日常监控情况，每一年或每半年对项目整体实施情况进行全面的分析总结，总结分析结果需报送上级主管部门及财政部门，并接受财政部门的监督检查。《中央部门预算绩效运行监控管理暂行办法》要求：每年8月，中央部门要集中对1—7月预算执行情况和绩效目标实现程度开展一次绩效监控汇总分析，具体工作程序如下。

①收集绩效监控信息。预算执行单位对照批复的绩效目标，以绩效目标执行情况为重点收集绩效监控信息。

②分析绩效监控信息。预算执行单位在收集上述绩效信息的基础上，对偏离绩效目标的原因进行分析，对全年绩效目标完成情况进行预计，并对预计年底不能完成目标的原因及拟采取的改进措施做出说明。

③填报绩效监控情况表。预算执行单位在分析绩效监控信息的基础上填写《项目支出绩效目标执行监控表》，并作为年度预算执行完成后绩效评价的依据。

④报送绩效监控报告。中央部门年度集中绩效监控工作完成后，及时总结经验，发现问题，提出下一步改进措施，形成本部门绩效监控报告，并将所有一级项目《项目支出绩效目标执行监控表》于8月31日前报送财政部对口部门司和预算司。

（3）绩效运行监控报告。建设期内绩效运行监控要根据过程记录及分析结果，对照建设期相关绩效目标，编制建设期绩效运行监控月报或季报等阶段性成果，并在建设期末编制完整的《项目建设期绩效运行监控报告》。

绩效运行监控报告一般包括正文和附件两部分，报告应当依据充分、真实完整、数据准确、客观公正。绩效运行监控报告正文应包括以下主要内容。

①绩效运行监控工作组织实施情况。

②年度预算执行情况。

③绩效目标完成情况。

④存在的问题及原因分析。

⑤下一步改进的工作建议。

⑥其他需要说明的问题。

（4）绩效运行监控结果运用。建设期绩效监测报告编制完成后，首先应经绩效监测工作组联审，定稿后可提交财政部门备案，同时在有限范围内进行信息公开。建设期绩效运行监控报告作为农业重大科研设施绩效管理的阶段性成果，还可以为后续工作开展提供参考，如作为项目中期评估、绩效评价及运营期绩效监控的依据等。

（5）绩效监控管理职责。财政部门在绩效监控结果运用中的主要职责：一是绩效监控结果作为以后年度预算安排和政策制定的参考；二是对项目建设单位绩效监控结果进行审核分析，对发现问题和风险进行研判，督促相关部门改进管理，确保预算资金安全有效；三是绩效监控工作情况作为项目建设单位预算绩效管理工作考核内容；四是将是否开展绩效运行监控作为实施财政绩效评价的重要参考因素。

项目建设单位在绩效监控结果运用中主要职责：一是通过绩效监控信息深入分析预算执行进度慢、绩效水平不高的具体原因，对绩效监控中发现的绩效目标执行偏差和管理漏洞，应及时采取分类处置措施予以纠正；二是对于因政策变化、突发事件等客观因素导致预算执行进度缓慢或预计无法实现绩效目标的，要本着实事求是的原则，及时按程序调减预算，并同步调整绩效目标；三是对于绩效监控中发现严重问题的，如预算执行与绩效目标偏离较大、已经或预计造成重大损失浪费或风险等情况，应暂停项目实施，相应按照有关程序调减预算并停止拨付资金，及时纠偏止损。已开始执行的政府采购项目应当按照相关程序办理。

TIPS　项目实施绩效监控常用程序和方法

（1）对工程项目实施效果进行检查，收集测量数据。绩效目标一旦建立，所有项目管理人员应了解这些目标，并按要求定期进行绩效测量和整理，对实施情况进行检查。项目检查主要包括状态检查和工作过程检查两方面内容。项目状态检查，主要检查项目的绩效是否达到要求，项目是否在进度计划和预算之内，以及项目管理的范围是否正确。项目工作过程检查，重点在于检查项目管理工作开展情况，能否满足要求，以及下一步需要改进的地方。

（2）对检查结果和测量数据进行综合分析和预测，制订必要的改进措施。分析和预测应紧紧围绕项目总体目标要求进行。例如，某单项工程计划年底完成，施工高峰期在2—11月，5月底应按计划完成工作量的40%，费用支出的40%，但实测结果，到5月底工作量只完成了35%，费用开支达到40%。这种情况说明，工期拖了半个月，费用额度没有超过规定，但由于工作量少完成5%，实际上预算超支5%。根据检查结果，管理人员就应认真分析拖期和超支的原因，研究采取哪些措施，可否通过今后6个月的努力把半个月时间抢回来，超支的5%费用能否节约下来。

（3）编写项目绩效监控报告。绩效监控报告是对项目实施期间的关键指标、目标和风险等因素进行监控的全面反映，是对项目能否按照预期完成的早期预测，能够及时反映出某一时间点上的项目执行状态、问题，并提出改进措施。

绩效报告的主要内容包括状态报告、进展报告、预测和变更申请。

状态报告主要说明工程项目在某一特定时间点上所处的位置，重点描述在范围、时间和费用目标上项目当前所处的状态。如已经花费了多少资金，完成某项任务要多久，工作是否如期完成，项目是否在进度计划和预算之内，关键路径上的重点任务完成情况。对具有高技术风险的任务应予以特别说明。

进展报告主要说明项目在某一特定期间内所完成的工作。可以是月度进展报告，也可以是每周进展报告。

项目预测是在过去资料和发展趋势的基础上，预测项目未来的状态和进度。根据当前的进展情况，预计完成项目需要的时间、资金等，预计的进度、费用、绩效或范围是否存在重大偏差，目前存在和今后可能发生哪些问题，应当采取哪些措施加以改进。

编写绩效监控报告前，常用的工作方法是召开由项目建设单位、设计单位、施工单位和监理单位有关管理人员参加的状态评审会议，通过会议广泛地集中信息，集思广益对项目存在的问题进行分析，并提出下一步工作建议。

5.4 农业重大科研设施绩效评价及成果应用

绩效评价是指组织或个人运用一定的评价方法、评价标准，对预先确定的绩效目标实现程度，以及为实现这一目标所安排预算的执行结果进行综合性评价。绩效评价是项目实施必要环节和强化项目管理重要手段。农业重大科研设施资金来源一般为财政资金，且投资额大，建设周期长。按照《中共中央 国务院关于全面实施预算绩效管理的意见》《项目支出绩效评价管理办法》等规定，属于必须进行绩效评价范畴。开展农业重大科研设施绩效评价工作，对促进中央预算调整投资结构、优化投资方向、加强资金管理、改进资金拨付方式、进一步提高投资效益等具有重要意义。

农业重大科研设施绩效评价是指项目竣工验收并试运行一段时间后，项目建设单位、主管部门或财政部门按照项目绩效评价要求，自行组织或委托第三方机构，基于预期目标，对照统一制订的评价标准，采用科学、规范的评价方法，对农业重大科研设施建设过程及其结果的经济性、效率性、有效性和公平性进行客观、公正、全面的衡量比较和综合评判。

我国自21世纪初开始预算支出绩效评价工作以来，先后出台了一系列规定办法等规范和完善绩效评价工作，2005年5月，财政部印发《中央部门预算支出绩效评价管理暂行办法（试行）》，提出以绩效考评的内容、方法、指标、组织管理、工作程序以及结果应用为核心，开展预算支出绩效评价。2009年6月，财政部下发《财政支出绩效评价管理暂行办法》，在2005年试行办法基础上有三点突破：一是扩大了绩效评价对象的范围，即不仅包含部门预算管理的财政性资金，还包含上级政府对下级政府的转移支付资金；二是对绩效目标的内容和要求做出了详细说明，要求将绩效目标编入部门年度预算；三是对绩效报告和绩效评价报告的撰写提出要求，将绩效评价落实到书面，避免绩效评价陷于“空对空”的形式主义。2011年4月，财政部对2009年下发的暂行办法进行修订，发布了《财政支出绩效评价管理暂行办法》，进一步细化了绩效评价对象和内容、绩效目标、绩效评价指标、评价标准和方法、评价组织管理和工作程序、绩效报告和绩效评价报告、评价结果及应用，修订后的办法具有较强的指导性和操作性。2020年3月，财政部在《财政支出绩效评价管理暂行办法》使用基础上进一步改进和完善，正式发布《项目支出绩效评价管理办法》，主要有以下几个变化：一是拓展了绩效评价范围，明确绩效评价范围涵盖一般公共预算、政府性基金预算、国有资本经营预算的所有项目支出。二是健全了绩效评价体系，绩效评价按照“科学公正、统筹兼顾、激励约束、公开透明”原则开展，分为单位自评、部门评价和财政评价3种方式，三者各有侧重，相互衔接。三是完善了绩效评价指标、标准和方法。四是提高了绩效评价科学性，主要包括：对单位自评一级指标权重进行统一设置，绩效评价突出结果导向，优化了评价工作程序，完善了绩效评价指标体系参考框架和评价报告参考提纲等。目前，该办法是财政资金项目绩效评价的纲领性文件。

农业重大科研设施作为以财政资金为主体的项目，绩效评价工作应严格执行《项目支出绩效评价管理办法》相关规定。

5.4.1 农业重大科研设施绩效评价程序

农业重大科研设施绩效评价通常包括4个阶段，即前期准备阶段、实施评价阶段、撰写报告阶段和评价结果应用阶段。

（1）前期准备阶段。包括6个方面：第一，确定项目评价对象，即明确拟评价农业重大科研设施。第二，确定绩效目标，项目单位在申报项目时，已填报项目的绩效目标，并同时提供了相关评价专业指标；在进行绩效评价时，应对这些指标进一步鉴别判断，例如，是否提供了总目标和阶段性目标；绩效目标是否清晰明确，能否量化并对目标实现程度进行衡量；设定的专业评价指标是否与绩效目标相关联。第三，成立评价组织机构，评价组织机构包括三类：一是自评机构，项目建设单位应联合与该项目实施有关的部门及本单位内审机构成立评价组织机构，并明确牵头部门及相关人员的职责；二是主管机构的评价，在部门评价情况下，由上级主管机构安排本部门相关科室、内审机构以及项目承担单位负责人成立评价组织机构；三是财政部门评价，由财政部门内部有关处室工作人员组成。第四，确定评价机构。评价机构有三类：一是内部评价组，由项目建设单位或主管部门内部相关专业人员组成的评价组；二是评价专家组，由项目单位、主管部门或财政部门组织的专家组成；三是中介机构，具有相应资质的社会中介机构。第五，制订评价工作方案，包括：评价依据、评价方法、评价指标、评价标准和时间安排等。第六，下达绩效评价通知，评价通知内容包括：评价标准、评价指标、目标完成情况表、资金使用情况表以及绩效满意度调查表等。

（2）绩效评价实施阶段。一是收集基础资料，评价机构根据项目特点，通过实地察看、资料查阅、听取汇报及问卷调查等方法收集基础数据资料，包括评价对象的基本情况、财政资金的使用情况、评价标准体系所需的各项数据等。二是基础资料评价分析，通过对收集的基础数据资料鉴别以及每位评价人员所掌握的情况进行相互交流，使所有参评人员充分了解项目信息，在此基础上进行量化打分或给出定性结论。三是综合结论，综合所有评价人员的评价情况，对农业重大科研实施的经济性、效率性、效益性以及公平性进行全面评价，得出综合评价结论，并对每位评价人员提出的问题和建议进行汇总分析。

（3）撰写绩效评价报告阶段。一是根据各指标的评价结果及项目的整体评价结论，按绩效评价相关规定及要求编制绩效评价报告，包括项目自评报告和财政部门的绩效评价报告初稿。二是绩效评价报告初稿提交委托方，征求委托方意见，进行充分沟通进一步完善。三是上报评价报告，绩效评价报告完成后，按程序报送上级主管部门或财政部门。评价组织机构应妥善保管绩效评价报告和有关资料，建立评价工作档案并归档，以备存查。

（4）评价结果应用阶段。绩效评价结果应用是一个非常重要的环节，通过评价结果应用使绩效评价工作形成闭环，这关系项目绩效评价工作能否取得实效，关系该项工作能否持续深入发展。项目绩效评价结果一般用于预算资金分配、绩效问责以及公开预算绩效信息等方面。

5.4.2 农业重大科研设施绩效评价原则及依据

（1）绩效评价原则。农业重大科研设施绩效评价应当遵循以下原则。

科学公正。绩效评价应当运用科学合理的方法，按照规范程序，对项目绩效进行客观、公正的反映。

统筹兼顾。单位自评、部门评价和财政评价应职责明确，各有侧重，相互衔接。单位自评应由项目单位自主实施，即“谁支出、谁自评”。部门评价和财政评价应在单位自评的基础上开展，必要时可委托第三方机构实施。

激励约束。绩效评价结果应与预算安排、政策调整、改进管理进行实质性挂钩，体现奖优罚劣和激励相容导向，有效的要安排、低效的要压减、无效的要问责。

公开透明。绩效评价结果应依法依规公开，并自觉接受社会监督。

（2）绩效评价依据。农业重大科研设施绩效评价主要依据包括以下几个方面。

党中央、国务院重大决策部署，经济社会发展目标。如历年的中央一号文件、农业农村部一号文件、国民经济发展规划、乡村振兴规划、农业专项建设规划等。

国家有关法律、法规。主要包括：一是与项目实施管理有关的法律法规，包括《中华人民共和国建筑法》《中华人民共和国合同法》《中华人民共和国招标投标法》《中华人民共和国土地管理法》《中华人民共和国城市规划法》等。二是与资金使用及管理有关的法律法规，包括《中华人民共和国会计法》《中华人民共和国预算法》《中华人民共和国审计法》等。

部门规章制度及管理办法。一是与项目绩效管理有关的规章制度，如《项目支出绩效评价管理办法》《关于推进预算绩效管理的意见》《农业财政项目绩效评价规范》。二是与财务管理有关的规章制度，如《事业单位会计制度》《科学事业单位会计制度》《事业单位财务规则》《科学事业单位财务制度》。三是与工程实施有关的规章制度，如《建设工程质量管理条例》《建设工程安全生产管理条例》《建设工程勘察设计管理条例》。四是与项目管理有关的规章制度，如《农业基本建设项目管理办法》《农业基本建设项目申报审批管理规定》。

部门职责相关规定。如农业农村部、各科研院所的职责规定，“三定”方案等。

相关行业政策、行业标准及专业技术规范。如《种牛场建设标准》《种猪场建设标准》《连栋温室建设标准》《日光温室建设标准》《农业建设项目可行性研究报告编制规范》《农业建设项目初步设计编制规范》等建设标准及规范。

项目设立的政策依据和目标，预算执行情况，年度决算报告、项目决算或验收报告等相关材料。如项目可行性研究报告及批复文件、项目初步设计及批复文件、年度资金下达计划、项目竣工审计报告、决算报告。

其他相关资料。如农业农村部发布的年度预算报告，财政部、审计署、国家发展改革委等部门组织的专项审计、审查反馈的意见等。

5.4.3　绩效评价方式和内容

绩效评价包括单位自评、部门评价和财政评价3种方式。

单位自评是指预算部门组织部门本级和所属单位对预算批复的项目绩效目标完成情况进行自我评价，评价对象包括纳入政府预算管理的所有项目支出。单位自评的内容主要包括项目总体绩效目标、各项绩效指标完成情况以及预算执行情况。对未完成绩效目标或偏离绩效目标较大的项目要分析并说明原因，研究提出改进措施。

部门评价是指预算部门根据相关要求，运用科学、合理的绩效评价指标、评价标准和方法，对本部门的项目组织开展的绩效评价。部门评价的内容与财政评价相同，包括：决策情况，资金管理和使用情况，相关管理制度办法的健全性及执行情况，实现的产出情况，取得的效益情况，其他相关内容。

财政评价是财政部门对预算部门的项目组织开展的绩效评价。评价对象应根据工作需要，优先选择贯彻落实党中央、国务院重大方针政策和决策部署的项目，覆盖面广、影响力大、社会关注度高、实施期长的项目。对重点项目应周期性组织开展绩效评价。财政评价的内容主要包括：决策情况，资金管理和使用情况，相关管理制度办法的健全性及执行情况，实现的产出情况，取得的效益情况，其他相关内容。

5.4.4 农业重大设施绩效评价指标体系

农业重大设施绩效评价中，单位自评、部门评价和财政评价的关注重点不太一致，具体评价内容也有所区别，需针对性地制订相关评价指标体系。

（1）单位自评指标。单位自评指标是指项目批复时确定的绩效指标，包括项目的产出数量、质量、时效、成本指标，以及经济效益、社会效益、生态效益、可持续影响、服务对象满意度等指标。单位自评指标的权重由各单位根据项目实际情况确定。原则上，预算执行率和一级指标权重统一设置为：预算执行率10%、产出指标50%、效益指标30%、服务对象满意度指标10%。如有特殊情况，一级指标权重可做适当调整。二、三级指标应当根据指标重要程度、项目实施阶段等因素综合确定，准确反映项目的产出和效益。

（2）财政和部门绩效评价指标。财政和部门绩效评价指标的确定应当符合以下要求：与评价对象密切相关，全面反映项目决策、项目和资金管理、产出和效益；优先选取最具代表性、最能直接反映产出和效益的核心指标，精简实用；指标内涵应当明确、具体、可衡量，数据及佐证资料应当可采集、可获得；同类项目绩效评价指标和标准应具有一致性，便于评价结果相互比较。

财政和部门评价指标的权重根据各项指标在评价体系中的重要程度确定，应突出结果导向，原则上产出、效益指标权重不低于60%。同一评价对象处于不同实施阶段时，指标权重应有所差异，其中，实施期间的评价更加注重决策、过程和产出，实施期结束后的评价更加注重产出和效益。

农业重大科研实施与其他项目相比，项目任务目标较为明确，在开展绩效评价时应立足现有投资管理体制，着眼于增强绩效评价有效性和可操作性，充分考虑农业项目自身特定，从项目决策、过程管理、产出、效益四方面构建包含共性指标和个性指标的绩效评价指标体系。其中，共性指标包含但不限于预算编制和执行情况、财务管理状况、资产配置、使用、处置及其收益管理情况以及社会效益、经济效益等；个性指标需针对不同类型项目特点设定，并实现对指标体系的动态管理。同时，要深入研究项目自身特点，以项目结果为导向，细化项目类别，探索设计一套兼具共性指标和个性指标的指标体系，确保合理、适用、可操作，通过绩效评价达到约束与激励的平衡。

参照《项目支出预算管理办法》中“项目支出绩效评价指标体系框架（参考）”（表6），农业重大科研设施绩效评价时，可在该框架所列的指标体系基础上进一步完善，增加项目个性指标。

指标体系建立后，各指标权重确定得是否合理将直接影响评价结果的可靠性和有效性。指标权重确定的方法大致可分为三大类，即主观赋权法、客观赋权法以及主客观综合集成赋权法。其中，主观赋权法依赖专家的知识经验进行主观判断来确定指标权重，客观赋权法是通过分析样本数据计算出权重，而主客观综合集成赋权法是基于主、客观赋权法各自的不足和优势，将两者所得的权重综合集成。在对农业重大科研设施进行绩效评价时，要根据项目自身特点选择适合的方法，确定合理适用的指标权重。

表6　项目支出绩效评价指标体系框架（参考）

一级指标	二级指标	三级指标	指标解释	指标说明
决策	项目立项	立项依据充分性	项目立项是否符合法律法规、相关政策、发展规划以及部门职责，用以反映和考核项目立项依据情况	评价要点： ①项目立项是否符合国家法律法规、国民经济发展规划和相关政策； ②项目立项是否符合行业发展规划和政策要求； ③项目立项是否与部门职责范围相符，属于部门履职所需； ④项目是否属于公共财政支持范围，是否符合中央、地方事权支出责任划分原则； ⑤项目是否与相关部门同类项目或部门内部相关项目重复
		立项程序规范性	项目申请、设立过程是否符合相关要求，用以反映和考核项目立项的规范情况	评价要点： ①项目是否按照规定的程序申请设立； ②审批文件、材料是否符合相关要求； ③事前是否已经过必要的可行性研究、专家论证、风险评估、绩效评估、集体决策
	绩效目标	绩效目标合理性	项目所设定的绩效目标是否依据充分，是否符合客观实际，用以反映和考核项目绩效目标与项目实施的相符情况	评价要点： （如未设定预算绩效目标，也可考核其他工作任务目标） ①项目是否有绩效目标； ②项目绩效目标与实际工作内容是否具有相关性； ③项目预期产出效益和效果是否符合正常的业绩水平； ④是否与预算确定的项目投资额或资金量相匹配
		绩效指标明确性	依据绩效目标设定的绩效指标是否清晰、细化、可衡量等，用以反映和考核项目绩效目标的明细化情况	评价要点： ①是否将项目绩效目标细化分解为具体的绩效指标； ②是否通过清晰、可衡量的指标值予以体现； ③是否与项目目标任务数或计划数相对应

（续表）

一级指标	二级指标	三级指标	指标解释	指标说明
决策	资金投入	预算编制科学性	项目预算编制是否经过科学论证、有明确标准，资金额度与年度目标是否相适应，用以反映和考核项目预算编制的科学性、合理性情况	评价要点： ①预算编制是否经过科学论证； ②预算内容与项目内容是否匹配； ③预算额度测算依据是否充分，是否按照标准编制； ④预算确定的项目投资额或资金量是否与工作任务相匹配
		资金分配合理性	项目预算资金分配是否有测算依据，与补助单位或地方实际是否相适应，用以反映和考核项目预算资金分配的科学性、合理性情况	评价要点： ①预算资金分配依据是否充分； ②资金分配额度是否合理，与项目单位或地方实际是否相适应
过程	资金管理	资金到位率	实际到位资金与预算资金的比率，用以反映和考核资金落实情况对项目实施的总体保障程度	资金到位率（%）=（实际到位资金/预算资金）×100 实际到位资金：一定时期（本年度或项目期）内落实到具体项目的资金 预算资金：一定时期（本年度或项目期）内预算安排到具体项目的资金
		预算执行率	项目预算资金是否按照计划执行，用以反映或考核项目预算执行情况	预算执行率（%）=（实际支出资金/实际到位资金）×100 实际支出资金：一定时期（本年度或项目期）内项目实际拨付的资金
		资金使用合规性	项目资金使用是否符合相关的财务管理制度规定，用以反映和考核项目资金的规范运行情况	评价要点： ①是否符合国家财经法规和财务管理制度以及有关专项资金管理办法的规定； ②资金的拨付是否有完整的审批程序和手续； ③是否符合项目预算批复或合同规定的用途； ④是否存在截留、挤占、挪用、虚列支出等情况

（续表）

一级指标	二级指标	三级指标	指标解释	指标说明
过程	组织实施	管理制度健全性	项目实施单位的财务和业务管理制度是否健全，用以反映和考核财务和业务管理制度对项目顺利实施的保障情况	评价要点： ①是否已制订或具有相应的财务和业务管理制度； ②财务和业务管理制度是否合法、合规、完整
		制度执行有效性	项目实施是否符合相关管理规定，用以反映和考核相关管理制度的有效执行情况	评价要点： ①是否遵守相关法律法规和相关管理规定； ②项目调整及支出调整手续是否完备； ③项目合同书、验收报告、技术鉴定等资料是否齐全并及时归档； ④项目实施的人员条件、场地设备、信息支撑等是否落实到位
产出	产出数量	实际完成率	项目实施的实际产出数与计划产出数的比率，用以反映和考核项目产出数量目标的实现程度	实际完成率（%）=（实际产出数/计划产出数）×100 实际产出数：一定时期（本年度或项目期）内项目实际产出的产品或提供的服务数量 计划产出数：项目绩效目标确定的在一定时期（本年度或项目期）内计划产出的产品或提供的服务数量
	产出质量	质量达标率	项目完成的质量达标产出数与实际产出数的比率，用以反映和考核项目产出质量目标的实现程度	质量达标率（%）=（质量达标产出数/实际产出数）×100 质量达标产出数：一定时期（本年度或项目期）内实际达到既定质量标准的产品或服务数量。既定质量标准是指项目实施单位设立绩效目标时依据计划标准、行业标准、历史标准或其他标准而设定的绩效指标值
	产出时效	完成及时性	项目实际完成时间与计划完成时间的比较，用以反映和考核项目产出时效目标的实现程度	实际完成时间：项目实施单位完成该项目实际所耗用的时间 计划完成时间：按照项目实施计划或相关规定完成该项目所需的时间

（续表）

一级指标	二级指标	三级指标	指标解释	指标说明
产出	产出成本	成本节约率	完成项目计划工作目标的实际节约成本与计划成本的比率，用以反映和考核项目的成本节约程度	成本节约率（%）=[（计划成本−实际成本）/计划成本]×100 实际成本：项目实施单位如期、保质、保量完成既定工作目标实际所耗费的支出 计划成本：项目实施单位为完成工作目标计划安排的支出，一般以项目预算为参考
效益	项目效益	实施效益	项目实施所产生的效益	项目实施所产生的社会效益、经济效益、生态效益、可持续影响等。可根据项目实际情况有选择地设置和细化
		满意度	社会公众或服务对象对项目实施效果的满意程度	社会公众或服务对象是指因该项目实施而受到影响的部门（单位）、群体或个人。一般采取社会调查的方式

资料来源：《项目支出绩效评价管理办法》（财预〔2020〕10号）

5.4.5 绩效评价标准

绩效评价标准通常包括计划标准、行业标准、历史标准等，用于对绩效指标完成情况进行比较。

计划标准。指以预先制订的目标、计划、预算、定额等作为评价标准。农业重大科研设施一般为国家发展改革委立项批复的项目，主要标准包括项目可行性研究报告及批复文件、初步设计及其批复文件。尤其是批准的初步设计，建设内容、建设方案、概算等指标明确，是项目实施的主要依据，也是进行绩效评价的最重要、最直接的依据。

行业标准。指参照国家公布的行业指标数据制订的评价标准。一般指项目建设需要参考的标准，如科研实验室要符合《科研建筑工程规划面积指标》，有关农业设施要符合种质资源圃、温室大棚等建设标准。

历史标准。指参照历史数据制订的评价标准。为体现绩效改进的原则，在可实现的条件下应当确定相对较高的评价标准，包括建设成本标准、同区域同类建筑物的建造成本（可参考工程造价管理部门发布的造价信息）、单方造价指标等。仪器设备购置类，可参照相同时期同类仪器设备的采购中标价格等。

财政部门和预算部门确认或认可的其他标准。特殊行业、高新技术等领域，投入、产出等没有历史标准或行业标准参照，项目单位可在实施过程中研究制定该重大设施有关建设及运行方面的标准，报上级主管部门或财政部门予以认可。

5.4.6 绩效评价方法

（1）单位自评方法。单位自评采用定量与定性评价相结合的比较法，总分由各项指标得分汇总形成。

定量指标得分按照以下方法评定：与年初指标值相比，完成指标值的，记该指标所赋全部分值；对完成值高于指标值较多的，要分析原因，如果是由于年初指标值设定明显偏低造成的，要按照偏离度适度调减分值；未完成指标值的，按照完成值与指标值的比例记分。

定性指标得分按照以下方法评定：根据指标完成情况分为达成年度指标、部分达成年度指标并具有一定效果、未达成年度指标且效果较差三档，分别按照该指标对应分值区间80%～100%（含）、60%～80%（含）、0%～60%合理确定分值。

单位自评结果主要通过项目绩效自评表的形式反映，要做到内容完整、权重合理、数据真实、结果客观。农业重大科研设施建设项目绩效自评表可参照表7设定，具体可结合项目实际补充完善三级指标。

表7 ××项目绩效自评表

项目名称								
主管部门					实施单位			
项目资金（万元）			年初预算数	全年预算数	全年执行数	分值	执行率	得分
	年度资金总额					10		
	其中，当年财政拨款					—	—	
	上年结转资金					—	—	
	其他资金					—	—	
年度总体目标	预期目标				实际完成情况			
绩效指标	一级指标	二级指标	三级指标	年度指标值	实际完成值	分值	得分	偏差原因分析及改进措施
	产出指标	数量指标	指标1：					
			指标2：					
			……					
		质量指标	指标1：					
			指标2：					
			……					
		时效指标	指标1：					
			指标2：					
			……					
		成本指标	指标1：					
			指标2：					
			……					

（续表）

绩效指标	效益指标	经济效益指标	指标1：					
			指标2：					
			……					
		社会效益指标	指标1：					
			指标2：					
			……					
		生态效益指标	指标1：					
			指标2：					
			……					
		可持续影响指标	指标1：					
			指标2：					
			……					
	满意度指标	服务对象满意度指标	指标1：					
			指标2：					
			……					
总分						100		

资料来源：《项目支出绩效评价管理办法》（财预〔2020〕10号）

（2）财政和部门评价方法。财政和部门评价的方法主要包括成本效益分析法、比较法、因素分析法、最低成本法、公众评判法、标杆管理法等。根据评价对象的具体情况，可采用一种或多种方法。

成本效益分析法。是指将投入与产出、效益进行关联性分析的方法。

比较法。是指将实施情况与绩效目标、历史情况、不同部门和地区同类支出情况进行比较的方法。

因素分析法。是指综合分析影响绩效目标实现、实施效果的内外部因素的方法。

最低成本法。是指在绩效目标确定的前提下，成本最小者为优的方法。

公众评判法。是指通过专家评估、公众问卷及抽样调查等方式进行评判的方法。

标杆管理法。是指以国内外同行业中较高的绩效水平为标杆进行评判的方法。

其他评价方法。财政部门认可的其他评价方法。

5.4.7　绩效报告

项目绩效报告是按照一定格式编写，对项目资金使用绩效进行完整披露的文件。通过编制和发布项目绩效报告，利用相关方（政府部门、社会公众等）不仅可以掌握项目预算资金流向和使用合规性程度，同时能够清楚地认识公共政策的出发点和落脚点以及政府行政管理的效能状况。

按照编制主体是项目承担单位、上级行政管理部门还是财政管理部门，项目绩效报告可分为"绩效报告"和"绩效评价报告"两个层次。

（1）绩效报告。由项目建设单位编写，通常包括：基本情况，包括预算单位的职能、事业发展规划、预决算情况、项目立项依据等；绩效目标及其设立的依据和调整情况；管理措施及组织实施情况；总结分析绩效目标完成情况；说明未完成绩效目标及其原因；下一步改进工作的意见及建议等。参考格式如下。

TIPS　××项目绩效报告（参考提纲）

一、项目概况

（一）项目单位基本情况

（二）项目年度预算绩效目标、绩效指标设定情况，包括预期总目标及阶段性目标；项目基本性质、用途和主要内容、涉及范围

二、项目资金使用及管理情况

（一）项目资金（包括财政资金、自筹资金等）安排落实、总投入等情况分析

（二）项目资金（主要是指财政资金）实际使用情况分析

（三）项目资金管理情况（包括管理制度、办法的制订及执行情况）分析

三、项目组织实施情况

（一）项目组织情况（包括项目招投标情况、调整情况、完成验收等）分析

（二）项目管理情况（包括项目管理制度建设、日常检查监督管理等情况）分析

四、项目绩效情况

（一）项目绩效目标完成情况分析

将项目支出后的实际状况与申报的绩效目标对比，从项目的经济性、效率性、有效性和可持续性等方面进行量化、具体分析。其中，项目的经济性分析主要是对项目成本（预算）控制、节约等情况进行分析；项目的效率性分析主要是对项目实施（完成）的进度及质量等情况进行分析；项目的有效性分析主要是对反映项目资金使用效果的个性指标进行分析；项目的可持续性分析主要是对项目完成后，后续政策、资金、人员机构安排和管理措施等影响项目持续发展的因素进行分析。

（二）项目绩效目标未完成原因分析

五、其他需要说明的问题

（一）后续工作计划

（二）主要经验及做法、存在问题和建议（包括资金安排、使用过程中的经验、做法、存在问题、改进措施和有关建议等）

（三）其他

六、项目评价工作情况

包括评价基础数据收集、资料来源和依据等佐证材料情况，项目现场勘验检查核实等情况。

（2）绩效评价报告。由实施绩效评价的财政部门和预算单位根据被评价单位的绩效报告及绩效考核情况撰写的评价报告。

绩效评价报告应包括以下主要内容：基本概况；绩效评价的组织实施情况；绩效评价指标体系、评价标准和评价方法；绩效目标的实现程度；存在问题及原因分析；评价结论及建议；其他需要说明的问题。参考格式如下。

TIPS　××项目绩效评价报告（参考提纲）

一、项目基本情况

（一）项目概况

（二）项目绩效目标

1.项目绩效总目标

2.项目绩效阶段性目标

二、项目单位绩效报告情况
三、绩效评价工作情况
（一）绩效评价目的
（二）绩效评价原则、评价指标体系（附表说明）、评价方法
（三）绩效评价工作过程
1.前期准备
2.组织实施
3.分析评价
四、绩效评价指标分析情况
（一）项目资金情况分析
1.项目资金到位情况分析
2.项目资金使用情况分析
3.项目资金管理情况分析
（二）项目实施情况分析
1.项目组织情况分析
2.项目管理情况分析
（三）项目绩效情况分析
1.项目经济性分析
（1）项目成本（预算）控制情况
（2）项目成本（预算）节约情况
2.项目的效率性分析
（1）项目的实施进度
（2）项目完成质量
3.项目的效益性分析
（1）项目预期目标完成程度
（2）项目实施对经济和社会的影响
四、综合评价情况及评价结论（附相关评分表）
五、绩效评价结果应用建议（以后年度预算安排、评价结果公开等）
六、主要经验及做法、存在的问题和建议
七、其他需说明的问题

5.4.8 绩效评价结果应用

编制项目绩效报告最终目的是为改善财政支出绩效。为此，必须重视报告中反映问题，并找到针对性解决办法。这既是项目绩效报告应用，也是绩效评价结果应用。目前，项目绩效报告主要用于以下几个方面。

（1）反馈评价结果，督促整改落实。完成绩效评价后，财政部门或上级主管部门在一定期限内，将项目评价结果以正式文件形式反馈给被评价单位，并督促其及时整改落实。被评价单位应在规定期限内提出整改方案并反馈整改落实情况。

（2）强化主体责任，加强绩效问责。财政部门制定预算绩效管理问责办法，形成“谁干事谁花钱、谁花钱谁担责”制度，将预算单位财政资金使用绩效纳入项目建设单位效能建设考核范围，并将绩效评价结果作为考核单位或部门负责人的参考依据。

（3）将评价结果作为项目立项和预算安排的重要依据。《项目支出绩效评价管理办法》规定，各部门应按要求将部门评价结果报送本级财政部门，评价结果作为本部门安排预算、完善政策和改进管理的重要依据；财政评价结果作为安排政府预算、完善政策和改进管理的重要依据。原则上，对评价等级为优、良的，根据情况予以支持；对评价等级为中、差的，要完善政策、改进管理，根据情况核减预算。对不进行整改或整改不到位的，根据情况相应调减预算或整改到位后再予安排。